Jürgen Seul

# Alles zum gesetzlichen Mindestlohn

Jürgen Seul

# Alles zum gesetzlichen Mindestlohn

interna

*Ihr persönlicher Experte*

interna

Sie haben einen Ratgeber aus unserem Verlagsprogramm erworben. Damit haben Sie sich ständige Aktualität gesichert: Denn wir produzieren unsere Bücher für Sie digital, damit Sie nicht erst auf die nächste Auflage warten müssen, bis Sie von neuen Gesetzen oder Regelungen erfahren. Änderungen und Aktualisierungen arbeiten wir ohne Zeitverzögerung direkt in unsere Ratgeber ein. Unser monatlicher Newsletter informiert Sie über Ratgeber-Aktualisierungen und Neuigkeiten zu Ihrem Interessengebiet – und zwar kostenlos. Denn wir möchten, dass unsere Kunden auch nach dem Kauf stets auf dem Laufenden bleiben. Abonnieren Sie einfach unseren kostenlosen Newsletter auf www.verlag-interna.de (Rubrik „Über uns").

VlB – Titelmeldung
interna
Jürgen Seul
Alles zum gesetzlichen Mindestlohn
ISBN 978-3-940931-33-7



Umschlaggestaltung: Christoph Pohl, Bonn
Satz: Christoph Pohl, Bonn
Druck: WIRmachenDRUCK GmbH, Backnang

Verlag interna GmbH
Auguststr. 1, 53229 Bonn
Tel.: 02 28 / 85 44 98 - 0, Fax: 02 28 / 85 44 98 - 20
www.verlag-interna.de
info@verlag-interna.de

Handelsregister HRB 15534
Amtsgericht Bonn
Geschäftsführer: Jörg Mielczarek

Printed in Germany

# Inhaltsverzeichnis

# Einleitung

Mit großer Mehrheit hat der Deutsche Bundestag am 3. Juli 2014 die Einführung eines flächendeckenden gesetzlichen Mindestlohns beschlossen und mit dem Mindestlohngesetz (MiLoG) einen »Paradigmenwechsel«[1] eingeleitet. Das Gesetz verpflichtet nicht nur jeden Arbeitgeber zur Zahlung von mindestens 8,50 Euro pro Arbeitsstunde, sondern droht säumigen Zahlern auch noch ein Bußgeld von bis zu 500.000 Euro an.

Das erklärte gesetzgeberische Ziel besteht darin, den allgemeinen bundesweiten gesetzlichen Mindestlohn auf einem Niveau festzuschreiben, das es einem allein stehenden Vollzeitmitarbeiter im Regelfall erlaubt, ohne Aufstockung mit staatlichen Leistungen ein existenzsicherndes Arbeitseinkommen zu erzielen. Fokussiert auf dieses Ziel überrascht es nicht, dass dieses »bedeutende Gesetzesvorhaben«[2] fast allseits gefeiert wird und der Gesetzgeber davon spricht, dass künftig »3,7 Millionen Beschäftigte im Niedriglohnsektor maßgeblich von dieser Neuregelung profitieren, da ihre Löhne durch die Einführung eines Mindestlohns steigen würden«.[3]

Allerdings sind auch Befürchtungen über signifikante Arbeitsplatzverluste gerade in den neuen Bundesländern laut geworden.[4] Vor allem im Hinblick auf die Einhaltung grundrechtlicher Belange werden kritische Stimmen laut, die u. a. im Betreten der Unternehmensgeschäftsräume zu Kontrollzwecken einen Verstoß

[1] *Frank Maschmann: Mindestlohnjäger gehen auf die Jagd. In: Betriebs-Berater 2014, S. 1.*

[2] *Bepler/Hanau: Stellungnahme zum RefE für den Bundestagsausschuss für Arbeit und Soziales vom 16.6.2014. In: Deutscher Bundestag: Ausschuss für Arbeit und Soziales, 18. Wahlperiode, Ausschussdrucksache 18 (11) 148, S. 142-148 (142).*

[3] *Bundesministerium für Arbeit und Soziales: Der Mindestlohn. Fakten und Hintergründe, Berlin 2014, S. 5.*

[4] *Vgl. u. a. F.A.Z. vom 22.7.2014, S. 16: „Währungsfonds warnt vor Arbeitslosigkeit durch Mindestlohn".*

gegen Art 13 GG (Unverletzlichkeit der Wohnung bzw. Geschäftsräume) erblicken.

Es bleibt abzuwarten, wie sich die neuen Vorschriften in der Praxis tatsächlich auswirken werden. Für die von Mindestlohnkontrollen betroffenen Arbeitgeber dürfte sich im Regelfall ein kooperatives Verhalten empfehlen. Wer es auf einen Streit mit den Kontrollbehörden (primär der zuständigen Zollverwaltung) anlegt, besitzt vermutlich gute Chancen, diesen zu gewinnen, vorausgesetzt, er tritt den langen Marsch nach Karlsruhe oder gar nach Straßburg an.[5]

Eine Übergangsregelung vereinfacht den Einstieg in den Mindestlohn für alle Branchen, deren Löhne zurzeit unter dem Niveau von 8,50 Euro liegen. In diesem Buch soll ein Überblick über wichtige Einzelheiten des neuen Gesetzes gegeben werden.

***Hinweis:***
In 21 von 28 EU-Mitgliedsstaaten gilt bereits ein branchenübergreifender gesetzlicher Mindestlohn. Ausnahmen sind Dänemark, Finnland, Italien, Österreich, Schweden und Zypern. In den meisten dieser Länder herrscht jedoch eine wesentlich höhere Bindung durch Tarifverträge, als dies zurzeit in Deutschland der Fall ist.

[5] *Frank Maschmann: Mindestlohnjäger gehen auf die Jagd. In: Betriebs-Berater 2014, S. 1.*

# 1 Regelungen zum Mindestlohn

## 1.1 Andere rechtliche Grundlagen

Außerhalb des MiLoG können auf Basis des Arbeitnehmer-Entsendegesetzes (AEntG), des Arbeitnehmerüberlassungsgesetzes (AÜG) und der Allgemeinverbindlichkeitserklärung nach Tarifvertragsgesetz (TVG) zusätzlich verbindliche branchenbezogene Mindestlöhne ausgehandelt werden.

Diese Gesetze bilden die Grundlage für die vom Mindestlohn abweichenden Tarifverträge innerhalb eines Übergangszeitraums. Das Mindestarbeitsbedingungengesetz, das bisher die Festsetzung von Mindestarbeitsentgelten für einige Wirtschaftszweige ermöglichte, wurde aufgehoben.

## 1.2 Tarifverträge

Tarifverträgen für Bereiche, in denen Tarifverträge nach dem AEntG und AÜG gelten, die eine geringere Vergütung als den gesetzlichen Mindestlohn vorsehen, wird für die Kalenderjahre 2015 und 2016 ein uneingeschränkter Vorrang gegenüber dem MiLoG eingeräumt und für das Kalenderjahr 2017 jedenfalls dann, wenn sie für die Zeit ab dem 1.1.2017 mindestens ein Entgelt von brutto 8.50 Euro je Zeitstunde vorsehen.

»Die dahinter stehende Absicht des Gesetzgebers besteht darin, Branchenmindestlöhnen, die auf der Grundlage des AEntG oder auf der Grundlage des § 3a AÜG tarifvertraglich festgesetzt wurden, selbst dann den Vorrang vor dem gesetzlichen Mindestlohn nach dem MiLoG einzuräumen, wenn sie unterhalb des gesetzlichen Mindestlohns liegen. Dies gilt allerdings nur befristet bis zum 31.12.2017 und nur für solche Tarifverträge, die durch »repräsentative Tarifvertragsparteien« abgeschlossen wurden oder werden. Diese Übergangsregelung soll eine branchenspezifische stufenweise Heranführung der Entlohnungsbedingungen an den gesetzlichen Mindestlohn ermöglichen, der der Ertragskraft der Unternehmen in der jeweiligen Branche Rechnung trägt.«[6]

Was aber sind eigentlich »repräsentative Tarifvertragsparteien«? Das MiLoG beantwortet diese Frage nicht. Stattdessen bleibt eine Rechtsunsicherheit, deren Klärung letztlich der Arbeitsgerichtsbarkeit überlassen bleibt.

Die meisten Arbeitnehmer, deren Arbeitsverhältnisse unter einen branchenbezogenen Mindestlohntarifvertrag fallen, erhalten zwar bereits jetzt einen über 8,50 Euro liegenden Mindestlohn, doch sehen einige (schon länger geltende) Mindestlohntarife einen geringeren Mindestlohn vor. Für die Arbeitnehmer der folgenden Branchen bleibt es daher auch ab Januar 2015 bei niedrigeren Lohnuntergrenzen:

[6] *Ulrike Schweibert/Jochen Leßmann: Mindestlohngesetz — der große Wurf? In: Der Betrieb 2014, S. 1866-1871 (1867).*

| **Branche** | **Zeitraum** | **Höhe des Mindestlohns** |
|---|---|---|
| Fleischverarbeitung | August 2014 bis November 2014 | 7,75 Euro |
| | Dezember 2014 bis September 2015 | 8,00 Euro |
| | Oktober 2015 bis November 2016 | 8,60 Euro |
| | Dezember 2016 bis Ende 2017 | 8,75 Euro |
| Friseurhandwerk | Ost bis zum 31.7.2015 | 7,50 Euro |
| | West bis zum 31.7.2015 | 8,00 Euro |
| Gebäudereinigung | Ost ab dem 1.1.2015 | 8,23 Euro |
| Landwirtschaft (Saisonarbeiter) | Ost ab Januar 2015 | 7,20 Euro |
| | West ab Januar 2015 | 7,40 Euro |
| | Ost bis Januar 2016 | 7,90 Euro |
| | West bis Januar 2016 | 8,00 Euro |
| | Ost/West ab Januar 2017 | 8,60 Euro |
| | Ost/West ab November 2017 | 9,10 Euro |
| Pflegebranche | Ost ab Januar 2015 | 8,00 Euro[7] |
| Wäschereidienstleistungen im Objektkundengeschäft | Ost vom 1.1.2015 bis zum 30.6.2016 | 8,00 Euro |
| Zeitarbeit | Ost vom 1.1. bis zum 31.3.2015 | 7,86 Euro |
| | Ost vom 1.4.2015 bis zum 30.5.2016 | 8,20 Euro |

[7] *Hier ist eine Anhebung zu Anfang 2015 auf 8,50* Euro *noch nicht ausgeschlossen.*

***Hinweis:***
Bestehende tarifliche Regelungen, die einen Stundenlohn von weniger als 8,50 Euro brutto pro Stunde vorsehen, haben bis zum 31.12.2016 Vorrang vor dem MiLoG. Für das Jahr 2017 wird es daher voraussichtlich eine Anhebung des gesetzlichen Mindestlohns auf einen Betrag über 8,50 Euro geben, und zugleich gelten gemäß der bis Ende 2017 verlängerten Übergangsfrist die ungünstigeren branchenbezogenen Mindestlohntarifverträge im Jahr 2017 weiter. Allerdings müssen diese einen Lohn von mindestens 8,50 Euro vorsehen, d. h. die branchenbezogenen Mindestlöhne können im Jahr 2017 nur dann den gesetzlichen (vermutlich über 8,50 Euro liegenden) Mindestlohn unterschreiten, wenn sie mindestens dem erstmaligen gesetzlichen Mindestlohn von 8,50 Euro entsprechen.

# 2 Der gesetzliche Mindestlohn

## 2.1 Anspruchsberechtigte Personen

Der gesetzliche Anspruch auf Mindestlohn gilt nach der Einführungsphase für alle in Deutschland tätigen Arbeitnehmer über 18 Jahren.[8] Er betrifft auch ausländische Beschäftigte, wenn sie in Deutschland arbeiten – unabhängig davon, ob sie bei einem in- oder einem ausländischen Unternehmen angestellt sind.

> ***Hinweis:***
> Für Personen unter 18 Jahren und ohne Berufsabschluss gilt der gesetzliche Mindestlohn nicht. Diese Ausnahme zielt auf eine nachhaltige Integration junger Menschen in den Arbeitsmarkt. Die Altersgrenze soll Fehlanreize verhindern, dass junge Menschen nach Abschluss der Sekundarstufe 1 von einer weiterführenden Schulausbildung oder einer Berufsausbildung absehen, um stattdessen eine mit dem Mindestlohn vergütete Beschäftigung anzunehmen.

Im Hinblick auf Auszubildende hat der Gesetzgeber vorgesehen, dass diese ebenfalls keinen Mindestlohn erhalten sollen. Ihre Entlohnung wird weiterhin durch das Berufsbildungsgesetz geregelt.

> ***Hinweis:***
> Die echte ehrenamtliche Tätigkeit in einem gemeinnützigen Verein oder in einem anderen Zusammenhang stellt keine Arbeit im Sinne des MiLoG dar. Personen, die ein Ehrenamt innehaben, erhalten daher auch keinen Mindestlohn. Eine ehrenamtliche Tätigkeit im Sinne des MiLoG liegt vor, wenn sie nicht von der Erwartung einer adäquaten finanziellen Gegenleistung, sondern von

[8] *§ 22 Abs. 1 MiLoG.*

dem Willen geprägt ist, sich für das Gemeinwohl einzusetzen.

## 2.2 Vergütung

Mit dem Mindestlohn ist der steuerpflichtige Bruttolohn pro Arbeitsstunde (Grundlohn) gemeint. Jede Arbeitsstunde kostet den Arbeitgeber mindestens 8,50 Euro. Die Fortschreibung dieses gesetzlichen Mindestlohns im Turnus von zwei Jahren wird einer ständigen Mindestlohnkommission übertragen[9], deren Mitglieder durch die Bundesregierung alle fünf Jahre neu berufen werden.

Für den Fall, dass keine Arbeitszeit oder kein festes Monatsgehalt vereinbart ist, muss die Monatsvergütung unter Berücksichtigung der tatsächlichen Arbeitszeit in den effektiven Bruttostundenlohn umgerechnet werden.

Die monatliche Einbeziehung von Sachleistungen ist über eine Umrechnung in ein Stundenentgelt möglich. Im Hinblick auf den Wert der Sachleistung erscheint als wohl pragmatischste Lösung das Abstellen auf den steuerlichen Wert.

Das MiLoG enthält keine ausdrückliche Regelung dazu, welche vertraglichen bzw. tatsächlich geleisteten Vergütungsarten und -elemente für den Mindestlohn heranzuziehen sind.

Der Gesetzesbegründung ist jedoch zu entnehmen, »dass ein Großteil der gewährten Zuschläge oder Zulagen bei der Bestimmung des Mindestlohns keine Berücksichtigung finden soll. Dies wird mit der Bedeutungsgleichheit der Begriffe »Mindestlohn« und »Mindestentgeltsatz« in § 2 Nr. 1 AEntG und damit begründet, dass demgemäß die zum AEntG ergangene Rechtsprechung

[9] *§§ 4 ff. MiLoG.*

des Europäischen Gerichtshofs (EuGH) ungefiltert auch auf die Regelungen des MiLoG anwendbar sein soll.«[10]

Der EuGH[11] beschäftigte sich in der Vergangenheit mit der möglichen Anrechnung variabler Vergütungsbestandteile im Zusammenhang mit Lohnzahlungen auf den Mindestlohn nach dem AEntG.

Der Gerichtshof befand, dass variable Vergütungsbestandteile dann angerechnet werden können, wenn sie eine Gegenleistung für die reguläre Tätigkeit des Arbeitnehmers darstellen. Nicht anrechenbar sind demnach Vergütungsbestandteile, die einen ganz anderen Zweck verfolgen und anderen Bindungen unterfallen, wobei die Abgrenzung im Einzelfall schwierig ist.

Nicht anrechenbar für die Mindestlohnberechnung sind

- Akkordprämien oder Qualitätsprämien,
- Gefahrenzulagen,
- Nachtschichtzuschläge,
- Schmutzzulagen,
- Sonn- und Feiertagszuschläge,
- Überstundenzuschläge,
- vermögenswirksame Leistungen,
- Wechselschichtzulagen,
- Wegegeld (sofern es als Fahrtkosten- oder sonstiger Aufwendungsersatz zu sehen ist und nicht die für den Weg erforderliche Zeit vergütet werden soll).[12]

[10] *Ulrike Schweibert/Jochen Leßmann: Mindestlohngesetz — der große Wurf? In: Der Betrieb 2014, S. 1866-1871 (1869).*
[11] *EuGH, Urteil vom 7.11.2013 — C-522/12, Der Betrieb 2013, S. 2804 L.*
[12] *Vgl. BT-Drucks. 18/2010, S. 17.*

> *Beispiel:*
> *Herr Huber arbeitet als Lagerarbeiter und erhält einen Grundlohn in Höhe von 8,00 Euro. Zusätzlich erhält er für seine Wechselschichttätigkeit eine pauschale monatliche Schichtzulage in Höhe von 200 Euro. Würde die Schichtzulage als Teil der Vergütung im Sinne des MiLoG berücksichtigt (200 Euro: 160 Monatsstunden = 1,25 Euro Stundenlohn), läge Herr Huber bei einem durchschnittlichen Stundenlohn von 9,25 Euro (8,00 Euro Grundlohn + 1,25 Euro Schichtzulage pro Stunde). Bleibt die Schichtzulage bei der Mindestlohnberechnung jedoch unberücksichtigt, hätte Herr Huber demzufolge einen zusätzlichen Anspruch auf 0,50 Euro Stundenlohn (Differenz von 8,00 Euro bisherigem Grundlohn gegenüber 8,50 Euro Mindestlohn).*

Ob die Rechtsprechung die skizzierte EuGH-Auffassung bei den variablen Vergütungsbestandteilen tatsächlich auch auf den gesetzlichen Mindestlohn anwenden wird, bleibt abzuwarten. In jedem Fall wird schon vorab in der Literatur[13] kritisiert, »dass Zulagen und Zuschläge bei der Berechnung des Mindestlohns generell nicht zu berücksichtigen sind«.

Problematisch können deshalb auch Einmalzahlungen wie Urlaubs- und Weihnachtsgeld sowie leistungsunabhängige Boni und Provisionen sein.

Im Hinblick auf die »Zahlung von Einmalleistungen wie dem Weihnachtsgeld oder einem zusätzlichen Urlaubsgeld verweist die Gesetzesbegründung auf eine Entscheidung des EuGH vom 14.4.2005. Weihnachts- und zusätzliches Urlaubsgeld können danach als Bestandteile des Mindestlohns gewertet werden, wenn die Leistung anteilig jeweils zu dem für den Mindestlohn maßgeblichen Fälligkeitsdatum tatsächlich und unwiderruflich aus-

[13] *Ulrike Schweibert/Jochen Leßmann: Mindestlohngesetz — der große Wurf? In: Der Betrieb 2014, S. 1866-1871 (1869).*

bezahlt wird.[14] »Der Entscheidung des EuGH aus 2013 lässt sich ergänzend entnehmen, dass die Anrechnung von Einmalzahlungen nicht allein deshalb ausgeschlossen ist, weil sie außerhalb des Zeitraums erfolgt, für den sie die Leistung eines Arbeitnehmers entgelten soll. Hiernach ist Arbeitgebern zu empfehlen, derartige Einmalleistungen als ratierlichen Anspruch (Anspruch in Raten) festzuschreiben, um eine Anrechnung auf den monatlichen Mindestlohn sicherzustellen.«[15]

***Hinweis:***
Bei der Frage der Anrechenbarkeit von Vergütungsbestandteilen ist im Einzelfall entscheidend, welcher Zweck mit der Leistung verfolgt wird. Soll mit einem Vergütungsbestandteil allein die Arbeitsleistung im engeren Sinne vergütet werden, ist er auf den Mindestlohn anrechenbar.

In vielen Einzelfällen ist eine rechtssichere Bewertung derzeit so lange nicht möglich, bis die Rechtsprechung für Klärung sorgt. Das kann dauern und für Arbeitgeber spätestens dann zum Problem werden, wenn die Betriebsprüfung durch die Deutsche Rentenversicherung Bund ihre Prüfung durchführt. Auch Klagen einzelner Arbeitnehmer sind noch nach Jahren möglich, da das MiLoG vertragliche Ausschlussfristen einschränkt.

***Hinweis:***
Für Arbeitgeber ist es ratsam, so viele Gehaltsbestandteile wie möglich in eine Fixvergütung umzuwandeln. Außerdem sollten Leistungen, die nicht zum Fixgehalt gehören, immer mit einer Zweckbestimmung verbunden werden, damit sie auf jeden Fall

[14] *BT-Drucks. 18/2010, 17. — Das Urteil trifft jedoch keine Aussage zu weiteren Einmalleistungen; vielmehr wird man sich stets die Frage stellen müssen, ob es sich bei den Zahlungen tatsächlich um Entgeltbestandteile handelt. Nach BAG, 18.1.2012 — 10 AZR 667110, NZA 2012, 620, handelt es sich etwa bei Bonuszahlungen, die die Betriebstreue honorieren, um keine Lohnbestandteile (vgl. Wolfgang Däubler: Der gesetzliche Mindestlohn — doch eine unendliche Geschichte? NJW 2014, 1924, 1929).*

[15] *Heribert Jöris/Robert von Steinau-Steinbrück: Der gesetzliche Mindestlohn. In: Betriebs-Berater 2014, S. 2101-2106 (2103 f.).*

auf den Mindestlohn anrechenbar sind. Arbeitsverträge und Betriebsvereinbarungen sind hierauf genau zu prüfen und gegebenenfalls anzupassen.

## 2.3 Durchschnittsbetrachtung beim Mindestlohn

Eine zentrale Frage für die Praxis ist, ob und gegebenenfalls in welcher Weise tatsächlich eine Vergütung von 8.50 Euro für jede einzelne Arbeitsstunde verlangt werden kann oder ob das Erreichen einer Vergütung von 8,50 Euro im Durchschnitt ausreicht.

Betrachtet man den Gesetzeswortlaut, spricht vieles für das Abstellen auf die Vergütung für die jeweilige Arbeitsstunde. Mit Blick auf den mit dem MiLoG verfolgten Zweck erscheint dies jedoch nicht erforderlich. »So heißt es in der Gesetzesbegründung, der Mindestlohn ziele im Unterschied zum Tarifvertrag nicht darauf ab, einen umfassenden Schutz der Arbeitnehmer sicherzustellen. Vielmehr könne und solle der allgemeine Mindestlohn lediglich verhindern, dass Arbeitnehmer zu Arbeitsentgelten beschäftigt werden, die jedenfalls unangemessen sind und die den in Art. 2 Abs. 1 und Art. 20 Abs. 1 GG zum Ausdruck kommenden elementaren Gerechtigkeitsanforderungen nicht genügen. Außerdem müsse sichergestellt werden, dass ein alleinstehender Vollzeitbeschäftigter bei durchschnittlicher Wochenarbeitszeit ein Monatseinkommen oberhalb der Pfändungsfreigrenze erzielt.«[16] Diese gesetzgeberischen Ziele lassen sich aber auch dadurch verwirklichen, dass der Mindestlohn im Durchschnitt während eines bestimmten Zeitraums erreicht wird.[17] Was den Zeitraum anbelangt, wird man mit Blick auf die Systematik die Regelung zur Fälligkeit des Mindestlohns in § 2

*[16] Begründung zum Entwurf des Tarifautonomiestärkungsgesetzes vom 28.5.2014, BT-Drucks. 18/1558, S. 33, unter A II 3.*
*[17] Vgl. so auch die DAV-Stellungnahme 17/2014 zum RefE des Bundesministeriums für Arbeit und Soziales eines Gesetzes zur Stärkung der Tarifautonomie vom 19.4.2014; www.anwaltverein.de*

Abs. 1 MiLoG in die Betrachtung mit einbeziehen müssen. Hier heißt es, der Mindestlohn ist grundsätzlich zum Zeitpunkt der vertraglich vereinbarten Fälligkeit, spätestens aber bis zum letzten Bankarbeitstag des Monats zu zahlen, der auf den Monat folgt, in dem die Arbeitsleistung erbracht wurde. Aus dem Umstand, dass der Gesetzgeber in der Begründung zu § 2 Abs. 1 MiLoG selbst den Fall problematisiert, unter welchen Voraussetzungen Weihnachts- und Urlaubsgeld als Bestandteil des Mindestlohns anzuerkennen sind, wird ersichtlich, dass eine Durchschnittsbetrachtung möglich sein sollte.[18] »Andernfalls bestünde keine Notwendigkeit, diese Überlegung anzustellen.«[19]

***Hinweis:***
Vor allem im Gastronomiebereich, im Friseurhandwerk und im Taxigewerbe stellen Trinkgelder einen wesentlichen Einnahmefaktor dar. Ein Trinkgeld ist nach einer Definition der Gewerbeordnung ein Geldbetrag, den ein Dritter ohne rechtliche Verpflichtung dem Arbeitnehmer zusätzlich zu einer dem Arbeitgeber geschuldeten Leistung zahlt. Arbeitgeber dürfen Trinkgelder daher nicht auf den gesetzlichen Mindestlohn anrechnen.

## 2.4 Besonderheit: Stücklohnvereinbarung

Wegen »der Festschreibung eines Mindestlohns pro Arbeitsstunde und der damit einhergehenden Festlegung des Gesetzgebers auf ein Zeitlohnsystem wurde befürchtet, dass mit der Einführung des MiLoG reine Leistungs- und Stücklohnsysteme keinen Bestand mehr haben. Der Gesetzgeber ist dieser Befürchtung nur durch eine Erläuterung in der Gesetzesbegründung entgegenge-

[18] *Vgl. Gegenäußerungen der Bundesregierung zu der Stellungnahme des Bundesrats vom 23.5.2014, BR-Drucks. 147/14 zu Nr. 2.*

[19] *Ulrike Schweibert/Jochen Leßmann: Mindestlohngesetz — der große Wurf? In: Der Betrieb 2014, S. 1866-1871 (1868).*

treten. Dort heißt es ausdrücklich, dass die Vereinbarung von Stück- und Akkordlöhnen auch nach Einführung des Mindestlohns zulässig bleibt, wenn gewährleistet ist, dass der Mindestlohn für die geleistete Arbeitsstunde erreicht wird.[20] Demgemäß wird die Vertragsfreiheit der Arbeitsvertragsparteien bezüglich der Gestaltung der Vergütungsvereinbarung nur insoweit beschnitten, als Arbeitnehmer aufgrund von Leistungsschwankungen jedenfalls nicht weniger als 8,50 Euro pro Stunde verdienen können.

Arbeitgeber können zukünftig Leistungsschwankungen der Arbeitnehmer nicht mehr mit einer reduzierten Vergütung abfedern, sondern diesen nur noch mit leistungs- oder personenbedingten Kündigungen begegnen. Dies wird in Fallkonstellationen, in denen Arbeitgeber bislang die begrenzte Leistungsfähigkeit einzelner Beschäftigter akzeptiert haben, weil sie die wirtschaftlichen Nachteile hieraus nicht tragen mussten, zu sozialen Härten führen. So wird ein Zeitungsverlag sich künftig schwer tun, einen gehbehinderten Zeitungsausträger, der zwar jahrzehntelang die Zeitungen zur Zufriedenheit aller zugestellt hat, dessen Zustellgeschwindigkeit aber ca. 50 % unter dem Durchschnitt liegt, weiterhin zum Mindestlohn zu beschäftigten.[21] Wird in derartigen Fällen zukünftig ein Gericht dem Arbeitgeber, der die Fortführung des Arbeitsverhältnisses zu den veränderten Bedingungen nicht mehr für zumutbar erachtet, im Kündigungsschutzprozess vorhalten, jahrelang die reduzierte Leistungsfähigkeit des Arbeitnehmers akzeptiert zu haben?«[22]

Selbst wenn man das im Hinblick auf die durch das MiLoG veränderte Geschäftsgrundlage nicht für richtig hält, empfiehlt es

[20] *Begründung zum Entwurf des Tarifautonomiestärkungsgesetzes vom 28.5.2014, BT-Drucks. 18/1558, S. 40 zu § 1 Abs. 2 MiLoG.*

[21] *Wenn die Leistungen des Arbeitnehmers über einen längeren Zeitraum deutlich unter dem Durchschnitt liegen, besteht je nach Fallkonstellation die Möglichkeit, aus verhaltens- oder personenbedingten Gründen zu kündigen, vgl. BAG vom 11.12.2003, 2 AZR 667/02, DB 2004 S. 1506.*

[22] *Ulrike Schweibert/Jochen Leßmann: Mindestlohngesetz — der große Wurf? In: Der Betrieb 2014, S. 1866-1871 (1868).*

sich für Arbeitgeber aus Gründen der Vorsorge, in allen Fällen der erkennbar unzureichenden Leistungsfähigkeit so bald wie möglich die notwendigen rechtlichen Schritte einzuleiten.

## 2.5 Lohnsteuerrechtliche Mindestlohnermittlung

Der steuerpflichtige Bruttolohn pro Stunde kann auf zwei Wegen ermittelt werden. Zum einen können Sie mit Ihrem Mitarbeiter eine unmittelbare Festlegung im Arbeitsvertrag vornehmen:

*Beispiel:*
*»Die Mitarbeiterin Frau Koch erhält einen Stundenlohn von 8,50 Euro.«*

Denkbar ist auch die Umrechnung eines Monatsgehalts des Mitarbeiters in den Stundenlohn. Hierfür sind einige Rechenschritte notwendig:

*Beispiel:*
*Frau Koch arbeitet als Sachbearbeiterin in einem Fuhrunternehmen. Ihr Bruttolohn setzt sich zusammen aus:*

| | |
|---|---|
| *Festgehalt* | *2.400 Euro* |
| *Fahrtkostenzuschuss* | *100 Euro* |
| *Betriebliche Altersvorsorge (bAV) (Entgeltumwandlung)* | *100 Euro* |
| *Sonntags-/Feiertagszuschläge* | *200 Euro* |
| *Gesamtbruttolohn* | *2.700 Euro* |
| *Steuerbruttolohn* | *2.300 Euro* |

*Für die Berechnung des Mindestlohn ist allein der Steuerbruttolohn von 2.300 Euro maßgeblich. Die steuerfreien Vergütungselemente (Fahrtkostenzuschuss, Sonn- und Feiertagszuschläge) bleiben außen vor. Eine Besonderheit gilt dagegen für die bAV bzw. die Beiträge für die betriebliche Altersvorsorge. Diese sind Bestandteil des Mindestlohns, weshalb sie zum maßgeblichen Bruttolohn zuaddiert werden. Daher ergibt sich folgendes Bild:*

| | |
|---|---|
| *Gesamtbruttolohn* | *2.700 Euro* |
| *Steuerbruttolohn* | *2.300 Euro* |
| *Betriebliche Altersvorsorge (bAV) (Entgeltumwandlung)* | *100 Euro* |
| *Maßgeblicher Bruttolohn* | *2.400 Euro* |

*Das Steuerrecht enthält eine eindeutige Definition, wie man die Umrechnung von einem Monatsgehalt auf einen Stundenlohn vornimmt. Ausgehend von einem Arbeitsvertrag mit einer regelmäßigen wöchentlichen Stundenzahl von 40 Stunden ist die Monatsstundenzahl zu ermitteln. Im Steuerrecht gilt, dass ein Monat im Durchschnitt 4,35 Wochen umfasst. Es ergibt sich somit folgende Berechnung:*

| | |
|---|---|
| *Maßgeblicher Bruttolohn* | *2.400 Euro* |
| *Regelmäßige wöchentliche Arbeitszeit* | *40 Stunden* |
| *Monatsarbeitszeit (Wochenarbeitszeit x 4,35)* | *174 Stunden* |
| *Grundlohn* | *13,79 Euro* |

*Ergebnis:*
*Der Steuerbruttolohn von Frau Koch beträgt mit 13,79 Euro deutlich mehr als der gesetzliche Mindestlohn. Eine Anpassung an den gesetzlichen Mindestlohn ist daher nicht notwendig.*

## 2.6 Sozialversicherungsrechtliche Mindestlohnermittlung

Im Gegensatz zum Steuerrecht werden die Sozialversicherungsbeiträge nach dem so genannten Anspruchsprinzip berechnet. Daraus folgt, dass der Sozialversicherungsprüfer die Beitragsgrundlage nicht danach bewertet, was der Arbeitnehmer tatsächlich bekommt, sondern nach seinem Lohnanspruch, der nunmehr mindestens 8,50 Euro betragen muss. Schon im Hinblick auf die Betriebsprüfung ist die Einhaltung der Mindestlohnpflicht zu beachten. Welche Konsequenzen eine Nichtbeachtung für Sie als Arbeitgeber künftig haben kann, soll nachfolgend skizziert werden:

*Beispiel:*
*Frau Schulz arbeitet seit vielen Jahren 40 Stunden pro Woche als Kellnerin in der Gaststätte von Herrn Geizig. Sie erhält einen Bruttoarbeitslohn von 6,50 Euro. Nach Einführung des neuen gesetzlichen Mindestlohns traut sich Frau Schulz nicht, diesen auch bei Herrn Geizig einzufordern. Sie arbeitet deshalb auch im Jahr 2015 weiterhin für ihren alten Arbeitslohn von 6,50 Euro. Das bedeutet, dass Frau Schulz weiterhin ihren alten monatlichen Bruttolohn erhält:*

*Bruttolohn (174 Stunden x 6,50 Euro): 1.131 Euro*

*Anfang 2016 erscheint der Rentenversicherungsprüfer in der Gaststätte von Herrn Geizig. Er wird bei seiner Prüfung den geltenden Mindestlohn von 8,50 Euro für die Beitragsberechnungen mit Rückwirkung für das Jahr 2015 zugrunde legen.*

*Daraus ergibt sich folgende Berechnung für Frau Schulz:*

| | |
|---|---|
| *Tatsächlicher Bruttolohn* | *1.131 Euro* |
| *Gesetzlicher Mindestlohn (174 Stunden x 8,50 Euro)* | *1.479 Euro* |
| *Differenz* | *348 Euro* |

*Für das Jahr 2015 ergibt sich ein sozialversicherungsrechtlicher Fehlbetrag von 4.176 Euro (12 Monate x 348 Euro). Als Arbeitgeber muss Herr Geizig nun sowohl den Arbeitnehmer- als auch den Arbeitgeberanteil nachzahlen:*

*Gesamtdifferenz für 2015 (12 Monate x 348 Euro): 4.176 Euro*

*Die Nachzahlung beträgt 1.670,40 Euro (20 % AG-Anteil + 20 % AN-Anteil).*

Ein besonderes Nachzahlungsrisiko birgt für Sie als Arbeitgeber auch der Einsatz von Mini-Jobbern.

*Beispiel:*
*Herr Schmitt arbeitet seit vielen Jahren als geringfügig Beschäftigter in einem Getränkemarkt. Er bezieht einen Bruttoarbeitslohn von 6,00 Euro. Jeden Monat bezieht er genau 450 Euro. Auch Herr Schmitt fordert nach Einführung des gesetzlichen Mindestlohns keine entsprechende Entlohnung, sondern arbeitet 2015 weiterhin für 6,00 Euro pro Stunde.*

*Bruttolohn (75 Stunden x 6,00 Euro): 450 Euro*

*Ausgehend von 75 Monatsstunden berechnet der Rentenversicherungsprüfer für 2015:*

| | |
|---|---|
| *Tatsächlicher Bruttolohn* | *450 Euro* |
| *Gesetzlicher Mindestlohn (75 Stunden x 8,50 Euro)* | *637,50 Euro* |
| *Differenz* | *187,50 Euro* |

*Ergebnis:*
*Herr Schmitt wird rückwirkend mit allen Konsequenzen für seinen Arbeitgeber sozialversicherungspflichtig.*

## 2.7 Auswirkungen des MiLoG auf bestehende Vertragsverhältnisse

Es stellt sich die Frage, wie zu verfahren ist, wenn festgestellt wird, dass der gesetzliche Mindestlohn auf der Grundlage des bestehenden Vertragsverhältnisses unterschritten wird?

Rechtlich bieten sich zwei Möglichkeiten: Zum einen könnte eine einvernehmliche Vertragsänderung des bestehenden Arbeitsvertrags herbeigeführt werden. In diesem Fall einigen sich Arbeitgeber und Arbeitnehmer darauf, dass der Arbeitsvertrag an die veränderten Bedingungen angepasst und die Vergütung bzw. die Vergütungsbestandteile neu geregelt werden.

Es empfiehlt sich aus Sicht des Arbeitgebers, auf die Vereinbarung von Zulagen und Zuschlägen zu verzichten. Jahressonderzahlungen sollten im Niedriglohnsektor künftig monatlich anteilig zur Auszahlung kommen. Eine derartige Umstellung von Arbeitsverträgen erfordert im Einzelfall unter Umständen auch die Mitbestimmung des Betriebsrats.[23]

Misslingt eine einvernehmliche Vertragsänderung, kommt eine einseitige Vertragsanpassung in Betracht. Der Arbeitgeber hat dabei zunächst vom »schlimmsten Fall« auszugehen, dass künftig ein Grundlohn von 8.50 Euro zuzüglich sämtlicher Zulagen und Zuschläge gezahlt werden muss.

[23] *Ulrike Schweibert/Jochen Leßmann: Mindestlohngesetz — der große Wurf? In: Der Betrieb 2014, S. 1866-1871 (1869 f.).*

Aus Sicht des Bundesarbeitsgerichts (BAG) geht das Kündigungsrecht einer Vertragsanpassung vor.[24] Daher ist in einer solchen Konstellation gegebenenfalls der Ausspruch einer Änderungskündigung in Betracht zu ziehen. Allerdings erkennt das BAG an, dass auch Gesetzesänderungen die Geschäftsgrundlage eines Vertrags so verändern können, dass Leistung und Gegenleistung nicht mehr in dem zuvor vereinbarten Verhältnis stehen und die vertraglichen Absprachen nach den Regeln, über den Wegfall oder die Änderung der Geschäftsgrundlage anzupassen sind.[25]

Letztlich kommt es auf die konkreten Umstände des Einzelfalls an, ob es gelingen kann, die Vergütungsbestandteile mit Verweis auf die Einführung des MiLoG einseitig an die veränderten Umstände anzupassen.

[24] *Vgl. BAG, Urteile vom 12.1.2006, AZR 126/05, Der Betrieb 2006, S. 1114, und vom 8.10.2009, 2 AZR 235/08, Der Betrieb 2010, S. 509.*
[25] *BAG, Urteil vom 8.10.2009, 2 AZR 235/08, Der Betrieb 2010, S. 509.*

# 3 Besonderheiten bei bestimmten Arbeitnehmern

## 3.1 Langzeitarbeitslose

Zur Erleichterung eines Einstiegs in den Arbeitsmarkt kann bei Langzeitarbeitslosen (Dauer der Arbeitslosigkeit von mindestens einem Jahr)[26] in den ersten sechs Monaten der Beschäftigung vom Mindestlohn abgewichen werden. Betroffen sind Personen, die unmittelbar vor der Beschäftigung ein Jahr oder länger arbeitslos gewesen sind.

> ***Hinweis:***
> Zum 1. Juni 2016 wird die Bundesregierung darüber berichten, inwieweit diese Regelung die Wiedereingliederung von Langzeitarbeitslosen in den Arbeitsmarkt gefördert hat, und eine Einschätzung dazu abgeben, ob sie fortbestehen soll.

Diese scheinbar einfache Regelung ist nicht unproblematisch und wird zum Teil als »Stolperfalle«[27] tituliert. Dies liegt unter anderem daran, dass »verschiedene Unterbrechungen der Zeit der Arbeitslosigkeit für die Anerkennung als Langzeitarbeitsloser unbeachtlich (bleiben). Wie soll der (potentielle) Arbeitgeber daher rechtssicher feststellen, ob ein Bewerber langzeitarbeitslos ist oder nicht? Die Frage ist brisant, da eine fahrlässige Fehleinschätzung hierüber zu einer durch Ordnungswidrigkeit strafbewährten Unterschreitung des Mindestlohns[28] führen kann.«[29]

Das Bundesministerium für Arbeit und Soziales bereitet derzeit Durchführungsbestimmungen für die Arbeitsverwaltung vor, die

[26] *§ 18 SGB III.*
[27] *F.A.Z. vom 21.7.2014, S. 19, Die Mindestlohn-Ausnahme wird zur Stolperfalle.*
[28] *Vgl. § 21 Abs. 1 Nr. 3 i. V. m. § 15 Abs. 1 Nr. 3 MiLoG.*
[29] *Ulrike Schweibert/Jochen Leßmann: Mindestlohngesetz — der große Wurf? In: Der Betrieb 2014, S. 1866-1871 (1867).*

vielleicht Abhilfe schaffen werden. Die aktuell bereits diskutierte »amtliche Bescheinigung ohne rechtsverbindlichen Charakter« wird Arbeitgebern jedenfalls wenig hilfreich sein.

Ein weiteres Problem wirft auch die Frage auf, »was geschieht, wenn der Bewerber seine Langzeitarbeitslosigkeit nicht offen legen will. Der Arbeitgeber wird sein Informationsinteresse aufgrund des Datenschutzes jedenfalls nicht ohne Weiteres bei den Jobcentern und Arbeitsagenturen befriedigen können.«[30]

## 3.2 Saisonarbeiter

Grundsätzlich gilt der gesetzliche Mindestlohn auch für Saisonkräfte in der Landwirtschaft. Mit Einführung des Mindestlohns ab dem 1. Januar 2015 werden auch die Höchstgrenzen für kurzfristige Beschäftigungen ausgeweitet. Neben der Einführung des Mindestlohns wurden die Höchstgrenzen bei kurzfristigen Beschäftigungen angehoben. Die bis zum 31. Dezember 2014 geltenden Zeitgrenzen für kurzfristige Beschäftigungen von zwei Monaten oder 50 Arbeitstagen innerhalb eines Kalenderjahres werden für einen Zeitraum von vier Jahren auf drei Monate oder 70 Arbeitstage angehoben. Nach Ablauf der Begrenzung zum 31. Dezember 2018 gelten ab dem 1. Januar 2019 wieder die vorherigen Höchstgrenzen von zwei Monaten oder 50 Arbeitstagen. Ziel dieser Übergangsregelung ist es, die Einführung des Mindestlohns zu erleichtern. Diese Regelung beeinflusst die Höhe des Mindestlohns nicht.

Praxisrelevant ist für diese Gruppe von Arbeitnehmern ferner, »dass nach § 107 Abs. 2 GewO Sachbezüge (Kost und Logis) als Teil des Arbeitsentgelts vereinbart werden können. Diese Möglichkeit wird noch auf untergesetzlicher Ebene durch Dienstan-

[30] *Ulrike Schweibert/Jochen Leßmann: Mindestlohngesetz — der große Wurf? In: Der Betrieb 2014, S. 1866-1871 (1867).*

weisung vereinfacht, und es soll klargestellt werden, dass eine Anrechnung dieser Sachbezüge auf den gesetzlichen Mindestlohn erlaubt ist.«[31]

## 3.3 Personen mit einem Minijob

Auch für Minijobber gelten die Neuregelungen, die schon bei den Saisonarbeitern (Kapitel 3.2) skizziert wurden.

> ***Hinweis:*** Definition Minijob
> Eine kurzfristige Beschäftigung liegt ab Januar 2015 vor, wenn sie von vornherein auf nicht mehr als drei Monate oder insgesamt 70 Arbeitstage im Kalenderjahr begrenzt ist. Die Beschäftigung darf dabei nicht berufsmäßig ausgeübt werden. Die Höhe des Verdienstes ist unerheblich.

Vom Drei-Monats-Zeitraum ist auszugehen, wenn der Minijob an mindestens fünf Tagen in der Woche ausgeübt wird. Beträgt die wöchentliche Arbeitszeit regelmäßig weniger als fünf Tage, so ist vom Zeitraum von 70 Arbeitstagen auszugehen.

## 3.4 Zeitungszusteller

Um auch dieser Branche die Einführung des Mindestlohns zu erleichtern, sieht das MiLoG eine stufenweise Einführung für Zeitungszusteller vor. Ab dem 1. Januar 2015 erhalten sie mindestens 75 %, ab dem 1. Januar 2016 mindestens 85 % des geltenden Mindestlohns. Ab dem 1. Januar bis zum 31. Dezember 2017 sind es dann 8,50 Euro. Vom 1. Januar 2018 an bekommen auch Zeitungszusteller den Mindestlohn ohne Einschränkung.

[31] *Ulrike Schweibert/Jochen Leßmann: Mindestlohngesetz — der große Wurf? In: Der Betrieb 2014, S. 1866-1871 (1866).*

***Hinweis:***
Als Zusteller gelten nur Personen, die in einem Arbeitsverhältnis ausschließlich periodische Zeitungen oder Zeitschriften an Endkunden zustellen; dies umfasst auch Zusteller von Anzeigenblättern mit redaktionellem Inhalt.[32] Begründet wird diese Ausnahme mit der Notwendigkeit des Schutzes der Pressefreiheit[33] und der auf dem Mindestlohn beruhenden Gefährdung des Abonnentenwesens.

Parallel zur Zustellung von periodische Zeitungen oder Zeitschriften sowie Anzeigenblättern mit redaktionellem Inhalt an Kunden verteilen die Zusteller in der Regel auch Werbeprospekte. Diese Teiltätigkeit eines Zustellers wurde vom Gesetzgeber jedoch nicht gleichermaßen privilegiert. Mit anderen Worten: Hier hat der Gesetzgeber den praktischen Alltag von Zeitungszustellern nicht wirklich bedacht. Es bleibt abzuwarten, wie die Praxis mit dieser differenzierten rechtlichen Ausgangssituation umgehen wird.

## 3.5 Praktikanten

Im MiLoG hat der Gesetzgeber erstmals eine gesetzliche Definition des Praktikanten festlegt, die sich an der Rechtsprechung des BAG[34] anlehnt. Auch Praktikanten gelten als Arbeitnehmer im Sinne dieses Gesetzes, nicht zuletzt, um der unterbezahlten so genannten Generation Praktikum ein Ende zu bereiten. Sie haben grundsätzlich einen Anspruch auf Zahlung des Mindestlohns. Vergütungen unterhalb des Mindestlohns sind deshalb jedenfalls unangemessen.

[32] *§ 24 Abs. 2 Satz 1 MiLoG.*
[33] *Ar. 5 Abs. 1 GG.*
[34] *BAG, Urteil vom 13.3.2003, 6 AZR 564/01, StBT 2007, Nr. 7, 15. Vgl. hierzu: Michaela Weber: »Generation Praktikum« — Prekäre Beschäftigung oder medialer Mythos?, RdJB 2010, 230-238.*

Der Praktikant muss eingestellt worden sein, um berufliche Fertigkeiten, Kenntnisse, Fähigkeiten oder berufliche Erfahrungen zu erwerben, ohne dass es sich um eine systematische Berufsausbildung im Sinne des Berufsbildungsgesetzes handelt.

Auch ein Orientierungspraktikum oder ein ausbildungs- bzw. studienbegleitendes Praktikum, das länger als drei Monate dauert, ist ab dem ersten Tag der Beschäftigung mit dem Mindestlohn zu vergüten.

Hinweis:
Wenn ein Unternehmen Praktikanten einstellt, muss darauf geachtet werden, dass die wesentlichen Vertragsbedingungen unverzüglich nach Abschluss des Praktikumsvertrags, spätestens vor Aufnahme der Praktikantentätigkeit, schriftlich niedergelegt, die Niederschrift unterzeichnet und dem Praktikanten ausgehändigt wird. Aufzunehmen sind mindestens

1. der Name und die Anschrift der Vertragsparteien,
2. die mit dem Praktikum verfolgten Lern- und Ausbildungsziele,
3. Beginn und Dauer des Praktikums,
4. Dauer der regelmäßigen täglichen Praktikumszeit,
5. Zahlung und Höhe der Vergütung,
6. Dauer des Urlaubs,
7. ein in allgemeiner Form gehaltener Hinweis auf die Tarifverträge, Betriebs- oder Dienstvereinbarungen, die auf das Praktikumsverhältnis anzuwenden sind.

Vom Anspruch auf Mindestlohn ausgeschlossen sind

- Praktika, die verpflichtend aufgrund einer Schul-, Ausbildungs- oder Prüfungsordnung zu leisten sind,

- Praktika, die der Orientierung für eine Berufsausbildung oder für die Aufnahme eines Studiums dienen,

- berufs- oder hochschulausbildungsbegleitende Praktika, wenn nicht bereits zuvor ein Praktikumsverhältnis bestanden hat, und

- Praktika im Rahmen der aktiven Arbeitsförderung oder Maßnahmen der Eingliederung nach den Regeln des SGB III.

## 3.6 Arbeitgeber mit Sitz im Ausland

Arbeitgeber in bestimmten Wirtschaftsbereichen mit Firmensitz im Ausland sind verpflichtet, ihre in Deutschland beschäftigen Mitarbeiter vor Beginn jeder Werk- oder Dienstleistung bei der zuständigen Behörde der Zollverwaltung schriftlich anzumelden.[35] Gleiches gilt für Entleiher von Arbeitskräften. Betroffen sind die Wirtschaftsbereiche

- Baugewerbe,
- Fleischwirtschaft
- Gaststätten- und Beherbergungsgewerbe,
- Gebäudereinigungsgewerbe,
- Personenbeförderungsgewerbe,
- Schaustellergewerbe,
- Speditions-, Transport- und damit verbundene Logistikgewerbe,
- Unternehmen der Forstwirtschaft und
- Unternehmen, die sich am Auf- und Abbau von Messen und Ausstellungen beteiligen.,

Näheres kann durch Rechtsverordnung bestimmt werden.

[35] *§ 16 MiLoG.*

# 4 Abdingbarkeit

Neben den tarifvertraglichen Sonderregelungen zum Mindestlohn darf der Mindestlohn nicht unterschritten werden. Vereinbarungen, die den Anspruch auf Mindestlohn unterschreiten oder dessen Geltendmachung beschränken oder ausschließen, sind insoweit unwirksam.[36]

Hiervon unberührt bleibt der Bestand des Arbeitsvertrags. Die Arbeitsvertragsparteien können grundsätzlich keine abweichenden Regelungen treffen.

Der Anspruch auf Mindestlohn kann nicht vorzeitig verfallen oder verwirken.[37] Möglich ist dagegen eine Verjährung nach den allgemeinen Regeln.

Ein Verzicht ist nur in Bezug auf den bereits entstandenen Anspruch, d. h. für die Vergangenheit, und nur durch gerichtlichen Vergleich möglich.[38] Von der Unabdingbarkeit wird die Entgeltumwandlung nach dem Betriebsrentengesetz nicht erfasst. Sie bleibt unberührt und danach weiterhin möglich.

[36] *§ 3 Satz 1 MiLoG.*
[37] *§ 3 Satz 3 MiLoG.*
[38] *§ 3 Satz 2 MiLoG.*

# 5 Fälligkeit

Das MiLoG sieht vor, dass der Mindestlohn grundsätzlich zum Zeitpunkt der vertraglich vereinbarten Fälligkeit zu zahlen ist, d. h., der Arbeitgeber muss den Mindestlohn spätestens bis zum letzten Bankarbeitstag des Monats, der auf den Monat folgt, in dem die Arbeitsleistung erbracht wurde, seinen Mitarbeitern auszahlen. Eine spätere Zahlung des Mindestlohns stellt eine bußgeldbewehrte Ordnungswidrigkeit dar.

Auch die Auswirkungen des gesetzlichen Mindestlohnanspruchs auf die Vereinbarung von Arbeitszeitkonten sind im MiLoG geregelt.

Bei einem gleichbleibenden (verstetigten) Arbeitslohn können Arbeitsstunden, die über die vertraglich vereinbarte Arbeitszeit hinausgehen, auf ein Arbeitszeitkonto eingestellt werden.[39] Dies muss durch Arbeitsvertrag, Betriebsvereinbarung oder Tarifvertrag schriftlich vereinbart werden. Die auf dem Arbeitszeitkonto eingestellten Arbeitsstunden müssen jedoch spätestens innerhalb von zwölf Kalendermonaten ausgeglichen werden, und zwar

- entweder durch bezahlte Freizeitgewährung oder
- durch Zahlung des Mindestlohns.

Etwas anderes gilt, wenn der Arbeitslohn so hoch ist, dass der Mindestlohn für sämtliche geleisteten Arbeitsstunden einschließlich der Überstunden erreicht wird. Die vorgenannten Regelungen zu den Arbeitszeitkonten greifen also nur, wenn aufgrund der geleisteten Überstunden der Mindestlohn nicht eingehalten würde.

[39] *§ 2 Abs. 2 MiLoG.*

Die auf das Arbeitszeitkonto eingestellten Arbeitsstunden dürfen monatlich jeweils 50 % der vertraglich vereinbarten Arbeitszeit nicht übersteigen.

*Beispiel:*
*Zwischen Herrn Meier und seinem Arbeitgeber besteht eine arbeitsvertragliche Regelung, die eine Wochenarbeitszeit von 18,75 Arbeitsstunden vorsieht. Die monatliche Arbeitszeit beträgt 81,5 Arbeitsstunden. In das schriftlich vereinbarte Arbeitszeitkonto von Herrn Meier dürfen monatlich maximal 40,75 Mehrarbeitsstunden eingestellt werden.*

Bei Beendigung des Arbeitsverhältnisses hat der Arbeitgeber nicht ausgeglichene Arbeitsstunden spätestens im folgenden Kalendermonat auszugleichen.

Die vorangegangenen Vorgaben sind nicht einschlägig, »soweit der Anspruch auf den Mindestlohn bereits durch die Zahlung des verstetigten Arbeitsentgelts erfüllt ist«.[40]

In diesem Fall ist dann »jeweils per Schattenrechnung zu ermitteln, ob das tatsächlich gezahlte und auf den Mindestlohn anrechenbare Monatseinkommen unter Berücksichtigung der tatsächlich geleisteten Arbeitsstunden mindestens den darauf entfallenden Mindestlohnbetrag erreicht«.[41]

*Beispiel:*
*Herrn Meiers tarifliche Wochenarbeitszeit beträgt 37,5 Wochenstunden und entspricht bei einem monatlichen Divisor von 163 einem monatlichen Gehalt von 1.800 Euro. Erbringt Herr Meier nun in einem Monat 20 Überstunden, so wären mindestens 183 Stunden mit dem Mindestlohn zu vergüten. Das ergibt einen Be-*

[40] *BT-Drucksache 18(11)183, Begründung zu Nr. 1 (Art. 1 — Änderung des Mindestlohngesetzes) Buchst. a.*
[41] *Heribert Jöris/Robert von Steinau-Steinbrück: Der gesetzliche Mindestlohn. In: Der Betriebs-Berater 2014, S. 2101-2106 (2104).*

*trag von 1.555,50 Euro (183 Std. x 8,50 Euro). Da das gezahlte Monatsgehalt von 1.800 Euro den Anspruch auf den Mindestlohn übererfüllt, könnten in diesem Fall die Mehrarbeitsstunden auch länger als zwölf Monate im Arbeitszeitkonto verbleiben.*

Die Regelung ist nicht tarifdispositiv. Allerdings sind »Tarifverträge und darauf beruhende arbeitsvertragliche Vereinbarungen oder Betriebsvereinbarungen, die für Arbeitszeitkonten einen längeren Übertragungszeitraum/Ausgleichszeitraum als zwölf Monate vorsehen – allerdings nur im Hinblick auf den Entgeltanteil, der dem Mindestlohn entspricht – insoweit unwirksam. In das Arbeitszeitkonto eingestellte Arbeitszeitstunden müssten jeweils nach zwölf Monaten im Hinblick auf den Mindestlohnentgeltanteil durch Freistellung oder Auszahlung des Mindestlohnanteils ausgeglichen werden. Liegt die vereinbarte Stundenvergütung oberhalb des Mindestlohnniveaus, so führt diese zu einer doppelten Buchführung, da das Ansparen des übersteigenden Entgeltanteils anderen Gesetzmäßigkeiten beispielsweise aus einem Tarifvertrag oder einer Betriebsvereinbarung folgen kann.«[42]

Die Fälligkeitsregelungen finden keine Anwendung auf Wertguthabenvereinbarungen im Sinne des Vierten Buches Sozialgesetzbuch. Dabei handelt es sich sowohl um Altersteilzeitvereinbarungen als auch um so genannte Langzeitkontenregelungen gemäß § 7b SGB IV.[43] »Diese Wertguthaben werden aufgebaut, um eine bezahlte Freistellung im Rahmen der Pflegezeit, Elternzeit, im Zusammenhang mit einer Verringerung der vertraglichen Arbeitszeit, während der Teilnahme an beruflichen Qualifizierungsmaßnahmen oder unmittelbar vor Renteneintritt zu ermöglichen. Hier soll gezielt ein Wertguthaben über einen längeren Zeitraum angespart werden, sodass eine frühe Fälligkeit des Min-

[42] *Heribert Jöris/Robert von Steinau-Steinbrück: Der gesetzliche Mindestlohn. In: Der Betriebs-Berater 2014, S. 2101-2106 (2104).*
[43] *§ 2 Abs. 3 MiLoG.*

destlohnanspruchs derartigen Vereinbarungen widersprechen würde.«[44]

Es bedarf für den Aufbau eines Wertguthabens einer ausdrücklichen schriftlichen Vereinbarung.[45]

[44] *Heribert Jöris/Robert von Steinau-Steinbrück: Der gesetzliche Mindestlohn. In: Der Betriebs-Berater 2014, S. 2101-2106 (2104).*
[45] *Vgl. § 7b SGB IV.*

# 6 Unternehmer: Pflichten, Kontrollen und Sanktionen

Mit einigen marginalen Änderungen gegenüber den Vorschriften des AEntG (§§ 14, 16 ff.) versehen, sieht auch das MiLoG einen Katalog von Vorschriften zu seiner Durchsetzung vor. Primärer Empfänger dieser Vorschriften ist der Arbeitgeber.

| **Überblick:** | |
|---|---|
| Haftung des Auftraggebers bei Nachunternehmerschaft | • § 13 MiLoG |
| Zuständigkeit und Befugnisse für die Kontrolle der Pflichten nach dem MiLoG und die Zusammenarbeit der in- und ausländischen Behörden | • §§ 14 f. und § 18 MiLoG |
| Dokumentationspflichten des Arbeitgebers | • § 17 MiLoG |
| Ausschluss von der Vergabe öffentlicher Aufträge | • § 19 MiLoG |
| Bußgeldvorschriften | • § 21 MiLoG |

## 6.1 Beauftragung eines anderen Unternehmers

Beauftragt ein Unternehmen ein anderes Unternehmer mit der Erbringung von Werk- oder Dienstleistungen, haftet der Auftraggeber für die Verpflichtungen des beauftragten Unternehmens, eines Nachunternehmers oder eines von dem beauftragten Unternehmen oder einem Nachunternehmer beauftragten Verleihers zur Zahlung des Mindestlohns wie ein Bürge, der auf die Einrede der Vorausklage verzichtet hat.

**Hinweis:**
Arbeitgebern im Niedriglohnsektor, deren Entgelte nicht erheblich über dem Mindestlohn liegen, ist dringend anzuraten, die Zeitkontenstände ihrer Arbeitnehmer regelmäßig zu überprüfen, damit der Mindestlohn trotz Mehrarbeit gewährt wird. Nur durch solch regelmäßige Kontenabfragen lassen sich einerseits Verstöße gegen das MiLoG und andererseits Einbußen an Liquidität oder zur Verfügung stehender Arbeitskraft infolge sofortiger Ausgleichspflichten vermeiden.

Eine sorgfältige Auswahl des Vertragspartners hat unter anderem den allgemeinen Leumund des Auftragnehmers zu berücksichtigen und darf keine Anhaltspunkte für ein Fehlverhalten des Auftragnehmers außer Acht lassen.

Ursprünglich hatte der Gesetzgeber noch vorgesehen, dass sich ein Unternehmer noch exkulpieren könnte, wenn ihn weder positive Kenntnis noch grob fahrlässige Unkenntnis in Bezug auf den Haftungstatbestand trifft. Doch diese Möglichkeit wurde letztlich nicht ins MiLoG aufgenommen. Daher sind »Unternehmer gut beraten, sich gegenüber ihrem Subunternehmer vertraglich abzusichern, um die Zahlung des Mindestlohns sicherzustellen. Für den Fall, dass die Lohnuntergrenze in den Betrieben des Subunternehmers oder eines von ihm eingesetzten Nachunternehmers unterschritten wird oder ein solcher Verdacht besteht, müssen die Auftragnehmer zur Abhilfe, jedenfalls zur umgehenden Information des Auftraggebers verpflichtet werden. Wer sichergehen will, wird sich die Möglichkeit zur Kontrolle vorbehalten und die Einhaltung der Mindestlohnbestimmungen selbst überprüfen müssen. Im Haftungsfall sollte der Vertrag den Rückgriff auf den vertragswidrig die Lohnuntergrenze missachtenden Auftragnehmer ermöglichen.«[46]

## 6.2 Kontrollbefugnisse

Die Kontrolle liegt, wie bisher bereits bei den Branchenmindestlöhnen, bei der Finanzkontrolle Schwarzarbeit (FKS) der Bundeszollverwaltung. Um die Einhaltung des gesetzlichen Mindestlohns wirksam kontrollieren zu können, sollen bei der FKS 1.600 neue Stellen geschaffen werden.[47] Daneben besteht die Zuständigkeit weiterer Behörden nach dem Schwarzarbeiterbekämpfungsgesetz (Finanzbehörden, Agenturen für Arbeit, Beitragseinzugsstellen der Sozialversicherung, Prüfdienste der Renten- und Unfallversicherung).

Der Prüfungsumfang beschränkt sich auf die Einhaltung der Mindestlohnvorschriften. Zu den Befugnissen gehören auch Personenüberprüfungen, das Betreten von Geschäftsräumen und Grundstücken, die Einsichtnahme von Geschäftsunterlagen, die Befragung von Personen des Auftraggebers und des Entleihers. Die Prüfungen erfolgen in der Regel überraschend und vor Ort.[48]

Ein Arbeitnehmer kann sich, wenn der Mindestlohn nicht gezahlt wird, an eine Informationsstelle mit Hotline wenden, die noch eingerichtet wird. Auch Arbeitgeber können sich mit Fragen zum Mindestlohn hierhin wenden.

[46] *Heribert Jöris/Robert von Steinau-Steinbrück: Der gesetzliche Mindestlohn. In: Der Betriebs-Berater 2014, S. 2101-2106 (2105).*
[47] *§ 14 MiLoG.*
[48] *§ 15 MiLoG.*

## 6.3 Dokumentationspflicht des Unternehmers

Einen wesentlichen Unterschied gegenüber dem AEntG sieht das MiLoG für die Dokumentationspflicht des Arbeitgebers vor: Danach hat der »Arbeitgeber Beginn, Ende und Dauer der täglichen Arbeitszeit für alle Beschäftigten in den in § 2a SchwarzArbG genannten Wirtschaftsbereichen oder Wirtschaftszweigen und für alle geringfügig Beschäftigten in allen Branchen (§ 8 SGB IV) mit Ausnahme der Privathaushalte (§ 8a SGB IV) spätestens bis zum Ablauf des siebten auf den Tag der Arbeitsleistung folgenden Kalendertages aufzuzeichnen und diese Aufzeichnungen mindestens zwei Jahre beginnend ab dem für die Aufzeichnung maßgeblichen Zeitpunkt aufzubewahren«.[49] Die Aufbewahrungsfrist beträgt mindestens zwei Jahre.

»Für die geringfügig Beschäftigten wird damit durch das MiLoG eine mit der Gesetzesänderung zum 01.04.2003 abgeschaffte Höchstarbeitszeit von dann bis zu 52,9 Stunden wieder eingeführt, soll der sozialversicherungsrechtliche Status nicht gefährdet werden.«[50]

Betroffen sind konkret:

- geringfügig Beschäftigte (Minijobber bis 450 Euro sowie kurzfristig Beschäftigte) mit Ausnahme der geringfügig Beschäftigten in Privathaushalten

- in den Wirtschaftsbereichen
- Baugewerbe,
- Gaststätten- und Beherbergungsgewerbe,
- Personenbeförderungsgewerbe, Speditions-, Transport- und damit verbundenen Logistikgewerbe,

[49] *Ulrike Schweibert/Jochen Leßmann: Mindestlohngesetz — der große Wurf? In: Der Betrieb 2014, S. 1866-1871 (1870 f.).*
[50] *Ulrike Schweibert/Jochen Leßmann: Mindestlohngesetz — der große Wurf? In: Der Betrieb 2014, S. 1866-1871 (1870 f.).*

- Schaustellergewerbe,
- Unternehmen der Forstwirtschaft,
- Gebäudereinigungsgewerbe,
- Unternehmen, die sich am Auf- und Abbau von Messen und Ausstellungen beteiligen, und
- Fleischwirtschaft

Die Dokumentationspflicht gilt auch für einen Entleiher, dem ein Verleiher Arbeitnehmer zur Arbeitsleistung in einem der in § 2a SchwarzArbG genannten Wirtschaftszweigen überlässt.

Diese Neuregelungen werden vor allem Branchen mit geringfügig Beschäftigten belasten, wo auf Arbeitszeiterfassung generell verzichtet wird (z. B. Zimmermädchen). Der Arbeitgeber wird sich Methoden der Arbeitszeiterfassung überlegen müssen. Denkbar ist, dass vereinfachte Erfassungs- und Dokumentationsformen zugelassen werden. Danach sieht es momentan noch nicht aus.

## 6.4 Bußgelder

Es gibt einen umfangreichen Ordnungswidrigkeitenkatalog. So kann mit einer Geldbuße bis zu 500.000 Euro belegt werden, wer vorsätzlich oder fahrlässig gegen die Vorschriften des MiLoG verstößt.[51] Das gleiche Strafmaß ist möglich, wenn der Auftraggeber Werk- oder Dienstleistungen in erheblichem Umfang ausführen lässt, indem er als Unternehmer einen anderen Unternehmer beauftragt, von dem er weiß oder fahrlässig nicht weiß, dass dieser bei der Erfüllung dieses Auftrags den Mindestlohn nicht oder nicht rechtzeitig zahlt, oder wer einen Nachunternehmer einsetzt oder zulässt, dass ein Nachunternehmer tätig wird, der den Mindestlohn nicht oder nicht rechtzeitig zahlt.[52]

[51] *§ 21 Abs. 1 MiLoG.*
[52] *§ 21 Abs. 2 MiLoG.*

## 6.5 Ausschluss von öffentlichen Aufträgen

Unternehmen, die wegen einer Ordnungswidrigkeit gemäß § 21 MiLoG mit einer Geldbuße von wenigstens 2.500 Euro belegt worden sind, sollen von der Teilnahme an einem Wettbewerb um einen Liefer-, Bau- oder Dienstleistungsauftrag eines öffentlichen Auftraggebers für eine angemessene Zeit bis zur nachgewiesenen Wiederherstellung ihrer Zuverlässigkeit ausgeschlossen werden.[53]

**Hinweis:**
Im Gewerbezentralregister werden u. a. rechtskräftige Bußgeldentscheidungen eingetragen, wenn die Geldbuße mehr als 200 Euro beträgt. Die Tilgung der Eintragungen richtet sich nach § 153 GewO. Eintragungen über rechtskräftige Bußgeldentscheidungen sind nach Ablauf einer Frist von drei Jahren, wenn die Höhe der Geldbuße nicht mehr als 300 Euro beträgt, und von fünf Jahren in den übrigen Fällen zu tilgen.

Die Zollverwaltung und die anderen für die Verfolgung oder Ahndung der Ordnungswidrigkeiten zuständigen Behörden dürfen öffentlichen Auftraggebern und solchen Stellen, die von öffentlichen Auftraggebern zugelassene Präqualifikationsverzeichnisse oder Unternehmer- und Lieferantenverzeichnisse führen, auf Verlangen die erforderlichen Auskünfte geben.[54] Diese öffentlichen Auftraggeber fordern im Rahmen ihrer Tätigkeit beim Gewerbezentralregister Auskünfte über rechtskräftige Bußgeldentscheidungen wegen einer Ordnungswidrigkeit nach dem MiLoG an.[55]

Öffentliche Auftraggeber können alternativ von Unternehmen, die sich um einen Auftrag bewerben, eine Erklärung fordern, dass keine Voraussetzungen für einen Ausschluss vorliegen.[56] Im Fal-

[53] *§ 19 Abs. 1 MiLoG.*
[54] *§ 19 Abs. 2 MiLoG.*
[55] *§ 19 Abs. 3 MiLoG.*
[55] *§ 19 Abs. 4 MiLoG.*

le einer Erklärung des Unternehmens können die öffentlichen Auftraggeber jederzeit zusätzlich Auskünfte des Gewerbezentralregisters anfordern.[57]

Bei Aufträgen ab einer Höhe von 30.000 Euro muss der öffentliche Auftraggeber für das Unternehmen, das den Zuschlag erhalten soll, vor der Zuschlagserteilung eine Auskunft aus dem Gewerbezentralregister anfordern.[58] Vor der Entscheidung über den Ausschluss ist der Bewerber zu hören.[59]

[57] *§ 150a der GewO.*
[58] *§ 19 Abs. 4 MiLoG.*
[59] *§ 19 Abs. 5 MiLoG.*

# 7 Mindestlohnkommission

Die Höhe des Mindestlohns wird von einer Kommission der Tarifpartner überprüft. Erstmals 2016 werden Gewerkschaften und Arbeitgeber in der Kommission darüber beraten, wie hoch der Mindestlohn ab dem 1. Januar 2017 sein wird. Die Kommission orientiert sich bei der Festsetzung des Mindestlohns an der Tarifentwicklung in Deutschland. Im Rahmen einer Gesamtabwägung prüft sie, welcher Mindestlohn einen angemessenen Mindestschutz für die Beschäftigten bietet, faire Wettbewerbsbedingungen ermöglicht und die Beschäftigung nicht gefährdet. Das Gesetz sieht ab 2017 alle zwei Jahre eine Anpassung des Mindestlohns vor.

Die Mindestlohnkommission besteht aus einem oder einer Vorsitzenden und sechs stimmberechtigten sowie zwei beratenden Mitgliedern. Alle fünf Jahre schlagen die Spitzenverbände von Arbeitgebern und Arbeitnehmern je drei Vertreterinnen oder Vertreter für die Kommission vor. Die zwei beratenden Mitglieder sind nicht stimmberechtigt und sollen ihren wissenschaftlichen Sachverstand einbringen. Alle Mitglieder werden von den Tarifpartnern benannt und dann von der Bundesregierung berufen.

Die Beratungen der Mindestlohnkommission finden unter Ausschluss der Öffentlichkeit statt, wobei ihr Inhalt vertraulich behandelt wird. Ein Beschluss soll schriftlich begründet werden. »Die Bundesregierung hat dann die Möglichkeit, die von der Mindestlohnkommission vorgeschlagene Anpassung der Mindestlohnhöhe durch Rechtsverordnung ohne Zustimmung des Bundesrates für allgemeinverbindlich zu erklären.[60] Die Bundesregierung muss dem Vorschlag der Mindestlohnkommission aber nicht folgen; sie kann auch von einer Änderung des Mindestlohns

[60] *Vgl. § 11 MiLoG.*

absehen. Soll der Mindestlohn aber angepasst werden, muss die Bundesregierung den Vorschlag der Mindestlohnkommission unverändert umsetzen. Die Bundesregierung ist damit inhaltlich an die Entscheidungskompetenz der Mindestlohnkommission gebunden. Durch die Möglichkeit, trotz eines entsprechenden Vorschlags der Mindestlohnkommission keine Anpassung des Mindestlohns vorzunehmen, bleibt der Bundesregierung jedoch das Letztentscheidungsrecht über die Frage nach einer Anpassung des Mindestlohns an veränderte Gegebenheiten vorbehalten.«[61]

[61] *Marc Spielberger/Angela Schilling: Der Regierungsentwurf zum Gesetz über die Regelungen eines allgemeinen Mindestlohns (MiLoG). Eine Darstellung der wesentlichen Regelungen mit ersten kritischen Anmerkungen. In: NZA 2014, S. 414-419 (417 f.).*

# Schlussbemerkung

Die gesetzgeberische Verabschiedung eines allgemeinen Mindestlohns war angesichts der politischen und gesellschaftlichen Diskussionen der letzten Jahre nicht überraschend. Die Etablierung von Mindestlöhnen in einzelnen Branchenlöhnen war ohnehin schon geschehen.

Der Gesetzgeber bemüht sich mit dem nun allgemeinen Mindestlohngesetz ersichtlich um einen Spagat zwischen Arbeitnehmerinteressen, Wettbewerbsbedingungen und der Beschäftigungssituation. An einzelnen Stellen im Gesetzeskonstrukt fehlen bedauerlicherweise konkrete Bestimmungen (z. B. bei den variablen Vergütungsbestandteilen als Komponenten des Mindestlohns); auch grundrechtliche Bedenken im Hinblick auf die Kontrolle bei der Einhaltung der Mindestlohnanforderungen lassen sich nicht von der Hand weisen. Dennoch ist mit dem neuen Gesetz ein wichtiger und richtiger Schritt zur Verbesserung vor allem der Lebens- und Arbeitsqualität von Geringverdienenden getan. Die „Kinderkrankheiten“ fast aller gesetzlicher Neuerungen gilt es in naher Zukunft abzustellen. Für den Arbeitgeber heißt es jedenfalls, sich ab sofort auf das Thema Mindestlohn einzustellen, da ihn ansonsten die finanziellen und sanktionsrechtlichen Nachteile unangenehm einholen werden.

Informationen zum Mindestlohn erteilt das Bürgertelefon des Bundesministeriums für Arbeit und Soziales unter der Nummer 030 221 911 004 (montags bis donnerstags von 8:00 bis 20:00 Uhr).

# Anhang 1

## Gesetz zur Regelung eines allgemeinen Mindestlohns

### Mindestlohngesetz

Das G wurde als Art. 1 des G v. 11.8.2014 I 1348 vom Bundestag mit der Mehrheit seiner Mitglieder und der Zustimmung des Bundesrates beschlossen. Es tritt gem. Art. 15 Abs. 1 am 16.8.2014 in Kraft. § 24 tritt gem. Art. 15 Abs. 2 mit Ablauf des 31.12.2017 außer Kraft.

### Inhaltsübersicht

**Abschnitt 2**

Zivilrechtliche Durchsetzung



**Abschnitt 3**

Kontrolle und
Durchsetzung durch staatliche Behörden



**Abschnitt 4**

Schlussvorschriften

## Abschnitt 1
## Festsetzung des allgemeinen Mindestlohns
## Unterabschnitt 1 Inhalt des Mindestlohns

### § 1 Mindestlohn

(1) Jede Arbeitnehmerin und jeder Arbeitnehmer hat Anspruch auf Zahlung eines Arbeitsentgelts mindestens in Höhe des Mindestlohns durch den Arbeitgeber.

(2) Die Höhe des Mindestlohns beträgt ab dem 1. Januar 2015 brutto 8,50 Euro je Zeitstunde. Die Höhe des Mindestlohns kann auf Vorschlag einer ständigen Kommission der Tarifpartner (Mindestlohnkommission) durch Rechtsverordnung der Bundesregierung geändert werden.

(3) Die Regelungen des Arbeitnehmer-Entsendegesetzes, des Arbeitnehmerüberlassungsgesetzes und der auf ihrer Grundlage erlassenen Rechtsverordnungen gehen den Regelungen dieses Gesetzes vor, soweit die Höhe der auf ihrer Grundlage festgesetzten Branchenmindestlöhne die Höhe des Mindestlohns nicht unterschreitet. Der Vorrang nach Satz 1 gilt entsprechend für einen auf der Grundlage von § 5 des Tarifvertragsgesetzes für allgemeinverbindlich erklärten Tarifvertrag im Sinne von § 4 Absatz 1 Nummer 1 sowie §§ 5 und 6 Absatz 2 des Arbeitnehmer-Entsendegesetzes.

### § 2 Fälligkeit des Mindestlohns

(1) Der Arbeitgeber ist verpflichtet, der Arbeitnehmerin oder dem Arbeitnehmer den Mindestlohn

1. zum Zeitpunkt der vereinbarten Fälligkeit,
2. spätestens am letzten Bankarbeitstag (Frankfurt am Main) des Monats, der auf den Monat folgt, in dem die Arbeitsleistung erbracht wurde,

zu zahlen. Für den Fall, dass keine Vereinbarung über die Fälligkeit getroffen worden ist, bleibt § 614 des Bürgerlichen Gesetzbuchs unberührt.

(2) Abweichend von Absatz 1 Satz 1 sind bei Arbeitnehmerinnen und Arbeitnehmern die über die vertraglich vereinbarte Arbeitszeit hinausgehenden und auf einem schriftlich vereinbarten Arbeitszeitkonto eingestellten Arbeitsstunden spätestens innerhalb von zwölf Kalendermonaten nach ihrer monatlichen Erfassung durch bezahlte Freizeitgewährung oder Zahlung des Mindestlohns auszugleichen, soweit der Anspruch auf den Mindestlohn für die geleisteten Arbeitsstunden nach § 1 Absatz 1 nicht bereits durch Zahlung des verstetigten Arbeitsentgelts erfüllt ist. Im Falle der Beendigung des Arbeitsverhältnisses hat der Arbeitgeber nicht ausgeglichene Arbeitsstunden spätestens in dem auf die Beendigung des Arbeitsverhältnisses folgenden Kalendermonat auszugleichen. Die auf das Arbeitszeitkonto eingestellten Arbeitsstunden dürfen monatlich jeweils 50 Prozent der vertraglich vereinbarten Arbeitszeit nicht übersteigen.

(3) Die Absätze 1 und 2 gelten nicht für Wertguthabenvereinbarungen im Sinne des Vierten Buches Sozialgesetzbuch. Satz 1 gilt entsprechend für eine im Hinblick auf den Schutz der Arbeitnehmerinnen und Arbeitnehmer vergleichbare ausländische Regelung.

### § 3 Unabdingbarkeit des Mindestlohns

Vereinbarungen, die den Anspruch auf Mindestlohn unterschreiten oder seine Geltendmachung beschränken oder ausschließen, sind insoweit unwirksam. Die Arbeitnehmerin oder der Arbeitnehmer kann auf den entstandenen Anspruch nach § 1 Absatz 1 nur durch gerichtlichen Vergleich verzichten; im Übrigen ist ein Verzicht ausgeschlossen. Die Verwirkung des Anspruchs ist ausgeschlossen.

## Unterabschnitt 2 Mindestlohnkommission

### § 4 Aufgabe und Zusammensetzung

(1) Die Bundesregierung errichtet eine ständige Mindestlohnkommission, die über die Anpassung der Höhe des Mindestlohns befindet.

(2) Die Mindestlohnkommission wird alle fünf Jahre neu berufen. Sie besteht aus einer oder einem Vorsitzenden, sechs weiteren stimmberechtigten ständigen Mitgliedern und zwei Mitgliedern aus Kreisen der Wissenschaft ohne Stimmrecht (beratende Mitglieder).

### § 5 Stimmberechtigte Mitglieder

(1) Die Bundesregierung beruft je drei stimmberechtigte Mitglieder auf Vorschlag der Spitzenorganisationen der Arbeitgeber und der Arbeitnehmer aus Kreisen der Vereinigungen von Arbeitgebern und Gewerkschaften. Die Spitzenorganisationen der Arbeitgeber und Arbeitnehmer sollen jeweils mindestens eine Frau und einen Mann als stimmberechtigte Mitglieder vorschlagen. Werden auf Arbeitgeber- oder auf Arbeitnehmerseite von den Spitzenorganisationen mehr als drei Personen vorgeschlagen, erfolgt die Auswahl zwischen den Vorschlägen im Verhältnis zur Bedeutung der jeweiligen Spitzenorganisationen für die Vertretung der Arbeitgeber- oder Arbeitnehmerinteressen im Arbeitsleben des Bundesgebietes. Übt eine Seite ihr Vorschlagsrecht nicht aus, werden die Mitglieder dieser Seite durch die Bundesregierung aus Kreisen der Vereinigungen von Arbeitgebern oder Gewerkschaften berufen.

(2) Scheidet ein Mitglied aus, wird nach Maßgabe des Absatzes 1 Satz 1 und 4 ein neues Mitglied berufen.

## § 6 Vorsitz

(1) Die Bundesregierung beruft die Vorsitzende oder den Vorsitzenden auf gemeinsamen Vorschlag der Spitzenorganisationen der Arbeitgeber und der Arbeitnehmer.

(2) Wird von den Spitzenorganisationen kein gemeinsamer Vorschlag unterbreitet, beruft die Bundesregierung jeweils eine Vorsitzende oder einen Vorsitzenden auf Vorschlag der Spitzenorganisationen der Arbeitgeber und der Arbeitnehmer. Der Vorsitz wechselt zwischen den Vorsitzenden nach jeder Beschlussfassung nach § 9. Über den erstmaligen Vorsitz entscheidet das Los. § 5 Absatz 1 Satz 3 und 4 gilt entsprechend.

(3) Scheidet die Vorsitzende oder der Vorsitzende aus, wird nach Maßgabe der Absätze 1 und 2 eine neue Vorsitzende oder ein neuer Vorsitzender berufen.

## § 7 Beratende Mitglieder

(1) Die Bundesregierung beruft auf Vorschlag der Spitzenorganisationen der Arbeitgeber und Arbeitnehmer zusätzlich je ein beratendes Mitglied aus Kreisen der Wissenschaft. Die Bundesregierung soll darauf hinwirken, dass die Spitzenorganisationen der Arbeitgeber und Arbeitnehmer eine Frau und einen Mann als beratendes Mitglied vorschlagen. Das beratende Mitglied soll in keinem Beschäftigungsverhältnis stehen zu

1. einer Spitzenorganisation der Arbeitgeber oder Arbeitnehmer,
2. einer Vereinigung der Arbeitgeber oder einer Gewerkschaft oder
3. einer Einrichtung, die von den in der Nummer 1 oder Nummer 2 genannten Vereinigungen getragen wird.

§ 5 Absatz 1 Satz 3 und 4 und Absatz 2 gilt entsprechend.

(2) Die beratenden Mitglieder unterstützen die Mindestlohnkommission insbesondere bei der Prüfung nach § 9 Absatz 2 durch die Einbringung wissenschaftlichen Sachverstands. Sie haben das Recht, an den Beratungen der Mindestlohnkommission teilzunehmen.

### § 8 Rechtsstellung der Mitglieder

(1) Die Mitglieder der Mindestlohnkommission unterliegen bei der Wahrnehmung ihrer Tätigkeit keinen Weisungen.

(2) Die Tätigkeit der Mitglieder der Mindestlohnkommission ist ehrenamtlich.

(3) Die Mitglieder der Mindestlohnkommission erhalten eine angemessene Entschädigung für den ihnen bei der Wahrnehmung ihrer Tätigkeit erwachsenden Verdienstausfall und Aufwand sowie Ersatz der Fahrtkosten entsprechend den für ehrenamtliche Richterinnen und Richter der Arbeitsgerichte geltenden Vorschriften. Die Entschädigung und die erstattungsfähigen Fahrtkosten setzt im Einzelfall die oder der Vorsitzende der Mindestlohnkommission fest.

### § 9 Beschluss der Mindestlohnkommission

(1) Die Mindestlohnkommission hat über eine Anpassung der Höhe des Mindestlohns erstmals bis zum 30. Juni 2016 mit Wirkung zum 1. Januar 2017 zu beschließen. Danach hat die Mindestlohnkommission alle zwei Jahre über Anpassungen der Höhe des Mindestlohns zu beschließen.

(2) Die Mindestlohnkommission prüft im Rahmen einer Gesamtabwägung, welche Höhe des Mindestlohns geeignet ist, zu einem angemessenen Mindestschutz der Arbeitnehmerinnen und Arbeitnehmer beizutragen, faire und funktionierende Wettbe-

werbsbedingungen zu ermöglichen sowie Beschäftigung nicht zu gefährden. Die Mindestlohnkommission orientiert sich bei der Festsetzung des Mindestlohns nachlaufend an der Tarifentwicklung.

(3) Die Mindestlohnkommission hat ihren Beschluss schriftlich zu begründen.

(4) Die Mindestlohnkommission evaluiert laufend die Auswirkungen des Mindestlohns auf den Schutz der Arbeitnehmerinnen und Arbeitnehmer, die Wettbewerbsbedingungen und die Beschäftigung im Bezug auf bestimmte Branchen und Regionen sowie die Produktivität und stellt ihre Erkenntnisse der Bundesregierung in einem Bericht alle zwei Jahre gemeinsam mit ihrem Beschluss zur Verfügung.

**§ 10 Verfahren der Mindestlohnkommission**

(1) Die Mindestlohnkommission ist beschlussfähig, wenn mindestens die Hälfte ihrer stimmberechtigten Mitglieder anwesend ist.

(2) Die Beschlüsse der Mindestlohnkommission werden mit einfacher Mehrheit der Stimmen der anwesenden Mitglieder gefasst. Bei der Beschlussfassung hat sich die oder der Vorsitzende zunächst der Stimme zu enthalten. Kommt eine Stimmenmehrheit nicht zustande, macht die oder der Vorsitzende einen Vermittlungsvorschlag. Kommt nach Beratung über den Vermittlungsvorschlag keine Stimmenmehrheit zustande, übt die oder der Vorsitzende ihr oder sein Stimmrecht aus.

(3) Die Mindestlohnkommission kann Spitzenorganisationen der Arbeitgeber und Arbeitnehmer, Vereinigungen von Arbeitgebern und Gewerkschaften, öffentlich-rechtliche Religionsgesellschaf-

ten, Wohlfahrtsverbände, Verbände, die wirtschaftliche und soziale Interessen organisieren, sowie sonstige von der Anpassung des Mindestlohns Betroffene vor Beschlussfassung anhören. Sie kann Informationen und fachliche Einschätzungen von externen Stellen einholen.

(4) Die Sitzungen der Mindestlohnkommission sind nicht öffentlich; der Inhalt ihrer Beratungen ist vertraulich. Die übrigen Verfahrensregelungen trifft die Mindestlohnkommission in einer Geschäftsordnung.

**§ 11 Rechtsverordnung**

(1) Die Bundesregierung kann die von der Mindestlohnkommission vorgeschlagene Anpassung des Mindestlohns durch Rechtsverordnung ohne Zustimmung des Bundesrates für alle Arbeitgeber sowie Arbeitnehmerinnen und Arbeitnehmer verbindlich machen. Die Rechtsverordnung tritt am im Beschluss der Mindestlohnkommission bezeichneten Tag, frühestens aber am Tag nach Verkündung in Kraft. Die Rechtsverordnung gilt, bis sie durch eine neue Rechtsverordnung abgelöst wird.

(2) Vor Erlass der Rechtsverordnung erhalten die Spitzenorganisationen der Arbeitgeber und Arbeitnehmer, die Vereinigungen von Arbeitgebern und Gewerkschaften, die öffentlich-rechtlichen Religionsgesellschaften, die Wohlfahrtsverbände sowie die Verbände, die wirtschaftliche und soziale Interessen organisieren, Gelegenheit zur schriftlichen Stellungnahme. Die Frist zur Stellungnahme beträgt drei Wochen; sie beginnt mit der Bekanntmachung des Verordnungsentwurfs.

**§ 12 Geschäfts- und Informationsstelle für den Mindestlohn; Kostenträgerschaft**

(1) Die Mindestlohnkommission wird bei der Durchführung ih-

rer Aufgaben von einer Geschäftsstelle unterstützt. Die Geschäftsstelle untersteht insoweit fachlich der oder dem Vorsitzenden der Mindestlohnkommission.

(2) Die Geschäftsstelle wird bei der Bundesanstalt für Arbeitsschutz und Arbeitsmedizin als selbständige Organisationeinheit eingerichtet.

(3) Die Geschäftsstelle informiert und berät als Informationsstelle für den Mindestlohn Arbeitnehmerinnen und Arbeitnehmer sowie Unternehmen zum Thema Mindestlohn.

(4) Die durch die Tätigkeit der Mindestlohnkommission und der Geschäftsstelle anfallenden Kosten trägt der Bund.

## Abschnitt 2 Zivilrechtliche Durchsetzung

### § 13 Haftung des Auftraggebers

§ 14 des Arbeitnehmer-Entsendegesetzes findet entsprechende Anwendung.

## Abschnitt 3 Kontrolle und Durchsetzung durch staatliche Behörden

### § 14 Zuständigkeit

Für die Prüfung der Einhaltung der Pflichten eines Arbeitgebers nach § 20 sind die Behörden der Zollverwaltung zuständig.

### § 15 Befugnisse der Behörden der Zollverwaltung und anderer Behörden; Mitwirkungspflichten des Arbeitgebers

Die §§ 2 bis 6, 14, 15, 20, 22 und 23 des Schwarzarbeitsbekämpfungsgesetzes sind entsprechend anzuwenden mit der Maßgabe, dass

1. die dort genannten Behörden auch Einsicht in Arbeitsverträge, Niederschriften nach § 2 des Nachweisgesetzes und andere Geschäftsunterlagen nehmen können, die mittelbar oder unmittelbar Auskunft über die Einhaltung des Mindestlohns nach § 20 geben, und
2. die nach § 5 Absatz 1 des Schwarzarbeitsbekämpfungsgesetzes zur Mitwirkung Verpflichteten diese Unterlagen vorzulegen haben.

§ 6 Absatz 3 sowie die §§ 16 bis 19 des Schwarzarbeitsbekämpfungsgesetzes finden entsprechende Anwendung.

### § 16 Meldepflicht

(1) Ein Arbeitgeber mit Sitz im Ausland, der eine Arbeitnehmerin oder einen Arbeitnehmer oder mehrere Arbeitnehmerinnen oder Arbeitnehmer in den in § 2a des Schwarzarbeitsbekämpfungsgesetzes genannten Wirtschaftsbereichen oder Wirtschaftszweigen im Anwendungsbereich dieses Gesetzes beschäftigt, ist verpflichtet, vor Beginn jeder Werk- oder Dienstleistung eine schriftliche Anmeldung in deutscher Sprache bei der zuständigen Behörde der Zollverwaltung nach Absatz 6 vorzulegen, die die für die Prüfung wesentlichen Angaben enthält. Wesentlich sind die Angaben über

1. den Familiennamen, den Vornamen und das Geburtsdatum der von ihm im Geltungsbereich dieses Gesetzes beschäftigten Arbeitnehmerinnen und Arbeitnehmer,
2. den Beginn und die voraussichtliche Dauer der Beschäftigung,
3. den Ort der Beschäftigung,
4. den Ort im Inland, an dem die nach § 17 erforderlichen Unterlagen bereitgehalten werden,
5. den Familiennamen, den Vornamen, das Geburtsdatum und die Anschrift in Deutschland der oder des verantwortlich Handelnden und

6. den Familiennamen, den Vornamen und die Anschrift in Deutschland einer oder eines Zustellungsbevollmächtigten, soweit diese oder dieser nicht mit der oder dem in Nummer 5 genannten verantwortlich Handelnden identisch ist.

Änderungen bezüglich dieser Angaben hat der Arbeitgeber im Sinne des Satzes 1 unverzüglich zu melden.

(2) Der Arbeitgeber hat der Anmeldung eine Versicherung beizufügen, dass er die Verpflichtungen nach § 20 einhält.

(3) Überlässt ein Verleiher mit Sitz im Ausland eine Arbeitnehmerin oder einen Arbeitnehmer oder mehrere Arbeitnehmerinnen oder Arbeitnehmer zur Arbeitsleistung einem Entleiher, hat der Entleiher in den in § 2a des Schwarzarbeitsbekämpfungsgesetzes genannten Wirtschaftsbereichen oder Wirtschaftszweigen unter den Voraussetzungen des Absatzes 1 Satz 1 vor Beginn jeder Werk- oder Dienstleistung der zuständigen Behörde der Zollverwaltung eine schriftliche Anmeldung in deutscher Sprache mit folgenden Angaben zuzuleiten:

1. den Familiennamen, den Vornamen und das Geburtsdatum der überlassenen Arbeitnehmerinnen und Arbeitnehmer,
2. den Beginn und die Dauer der Überlassung,
3. den Ort der Beschäftigung,
4. den Ort im Inland, an dem die nach § 17 erforderlichen Unterlagen bereitgehalten werden,
5. den Familiennamen, den Vornamen und die Anschrift in Deutschland einer oder eines Zustellungsbevollmächtigten des Verleihers,
6. den Familiennamen, den Vornamen oder die Firma sowie die Anschrift des Verleihers.

Absatz 1 Satz 3 gilt entsprechend.

(4) Der Entleiher hat der Anmeldung eine Versicherung des Verleihers beizufügen, dass dieser die Verpflichtungen nach § 20 einhält.

(5) Das Bundesministerium der Finanzen kann durch Rechtsverordnung im Einvernehmen mit dem Bundesministerium für Arbeit und Soziales ohne Zustimmung des Bundesrates bestimmen,

1. dass, auf welche Weise und unter welchen technischen und organisatorischen Voraussetzungen eine Anmeldung, eine Änderungsmeldung und die Versicherung abweichend von Absatz 1 Satz 1 und 3, Absatz 2 und 3 Satz 1 und 2 und Absatz 4 elektronisch übermittelt werden kann,
2. unter welchen Voraussetzungen eine Änderungsmeldung ausnahmsweise entfallen kann, und
3. wie das Meldeverfahren vereinfacht oder abgewandelt werden kann, sofern die entsandten Arbeitnehmerinnen und Arbeitnehmer im Rahmen einer regelmäßig wiederkehrenden Werk- oder Dienstleistung eingesetzt werden oder sonstige Besonderheiten der zu erbringenden Werk- oder Dienstleistungen dies erfordern.

(6) Das Bundesministerium der Finanzen kann durch Rechtsverordnung ohne Zustimmung des Bundesrates die zuständige Behörde nach Absatz 1 Satz 1 und Absatz 3 Satz 1 bestimmen.

### § 17 Erstellen und Bereithalten von Dokumenten

(1) Ein Arbeitgeber, der Arbeitnehmerinnen und Arbeitnehmer nach § 8 Absatz 1 des Vierten Buches Sozialgesetzbuch oder in den in § 2a des Schwarzarbeitsbekämpfungsgesetzes genannten Wirtschaftsbereichen oder Wirtschaftszweigen beschäftigt, ist verpflichtet, Beginn, Ende und Dauer der täglichen Arbeitszeit dieser Arbeitnehmerinnen und Arbeitnehmer spätestens bis zum

Ablauf des siebten auf den Tag der Arbeitsleistung folgenden Kalendertages aufzuzeichnen und diese Aufzeichnungen mindestens zwei Jahre beginnend ab dem für die Aufzeichnung maßgeblichen Zeitpunkt aufzubewahren. Satz 1 gilt entsprechend für einen Entleiher, dem ein Verleiher eine Arbeitnehmerin oder einen Arbeitnehmer oder mehrere Arbeitnehmerinnen oder Arbeitnehmer zur Arbeitsleistung in einem der in § 2a des Schwarzarbeitsbekämpfungsgesetzes genannten Wirtschaftszweige überlässt. Satz 1 gilt nicht für Beschäftigungsverhältnisse nach § 8a des Vierten Buches Sozialgesetzbuch.

(2) Arbeitgeber im Sinne des Absatzes 1 haben die für die Kontrolle der Einhaltung der Verpflichtungen nach § 20 in Verbindung mit § 2 erforderlichen Unterlagen im Inland in deutscher Sprache für die gesamte Dauer der tatsächlichen Beschäftigung der Arbeitnehmerinnen und Arbeitnehmer im Geltungsbereich dieses Gesetzes, mindestens für die Dauer der gesamten Werk- oder Dienstleistung, insgesamt jedoch nicht länger als zwei Jahre, bereitzuhalten. Auf Verlangen der Prüfbehörde sind die Unterlagen auch am Ort der Beschäftigung bereitzuhalten.

(3) Das Bundesministerium für Arbeit und Soziales kann durch Rechtsverordnung ohne Zustimmung des Bundesrates die Verpflichtungen des Arbeitgebers oder eines Entleihers nach § 16 und den Absätzen 1 und 2 hinsichtlich bestimmter Gruppen von Arbeitnehmerinnen und Arbeitnehmern oder der Wirtschaftsbereiche oder den Wirtschaftszweigen einschränken oder erweitern.

(4) Das Bundesministerium der Finanzen kann durch Rechtsverordnung im Einvernehmen mit dem Bundesministerium für Arbeit und Soziales ohne Zustimmung des Bundesrates bestimmen, wie die Verpflichtung des Arbeitgebers, die tägliche Arbeitszeit bei ihm beschäftigter Arbeitnehmerinnen und Arbeitnehmer auf-

zuzeichnen und diese Aufzeichnungen aufzubewahren, vereinfacht oder abgewandelt werden kann, sofern Besonderheiten der zu erbringenden Werk- oder Dienstleistungen oder Besonderheiten des jeweiligen Wirtschaftsbereiches oder Wirtschaftszweiges dies erfordern.

**§ 18 Zusammenarbeit der in- und ausländischen Behörden**
(1) Die Behörden der Zollverwaltung unterrichten die zuständigen örtlichen Landesfinanzbehörden über Meldungen nach § 16 Absatz 1 und 3.

(2) Die Behörden der Zollverwaltung und die übrigen in § 2 des Schwarzarbeitsbekämpfungsgesetzes genannten Behörden dürfen nach Maßgabe der datenschutzrechtlichen Vorschriften auch mit Behörden anderer Vertragsstaaten des Abkommens über den Europäischen Wirtschaftsraum zusammenarbeiten, die diesem Gesetz entsprechende Aufgaben durchführen oder für die Bekämpfung illegaler Beschäftigung zuständig sind oder Auskünfte geben können, ob ein Arbeitgeber seine Verpflichtungen nach § 20 erfüllt. Die Regelungen über die internationale Rechtshilfe in Strafsachen bleiben hiervon unberührt.

(3) Die Behörden der Zollverwaltung unterrichten das Gewerbezentralregister über rechtskräftige Bußgeldentscheidungen nach § 21 Absatz 1 bis 3, sofern die Geldbuße mehr als zweihundert Euro beträgt.

**§ 19 Ausschluss von der Vergabe öffentlicher Aufträge**
(1) Von der Teilnahme an einem Wettbewerb um einen Liefer-, Bau- oder Dienstleistungsauftrag der in § 98 des Gesetzes gegen Wettbewerbsbeschränkungen genannten Auftraggeber sollen Bewerberinnen oder Bewerber für eine angemessene Zeit bis zur nachgewiesenen Wiederherstellung ihrer Zuverlässigkeit ausge-

schlossen werden, die wegen eines Verstoßes nach § 21 mit einer Geldbuße von wenigstens zweitausendfünfhundert Euro belegt worden sind.

(2) Die für die Verfolgung oder Ahndung der Ordnungswidrigkeiten nach § 21 zuständigen Behörden dürfen öffentlichen Auftraggebern nach § 98 Nummer 1 bis 3 und 5 des Gesetzes gegen Wettbewerbsbeschränkungen und solchen Stellen, die von öffentlichen Auftraggebern zugelassene Präqualifikationsverzeichnisse oder Unternehmer- und Lieferantenverzeichnisse führen, auf Verlangen die erforderlichen Auskünfte geben.

(3) Öffentliche Auftraggeber nach Absatz 2 fordern im Rahmen ihrer Tätigkeit beim Gewerbezentralregister Auskünfte über rechtskräftige Bußgeldentscheidungen wegen einer Ordnungswidrigkeit nach § 21 Absatz 1 oder Absatz 2 an oder verlangen von Bewerberinnen oder Bewerbern eine Erklärung, dass die Voraussetzungen für einen Ausschluss nach Absatz 1 nicht vorliegen. Im Falle einer Erklärung der Bewerberin oder des Bewerbers können öffentliche Auftraggeber nach Absatz 2 jederzeit zusätzlich Auskünfte des Gewerbezentralregisters nach § 150a der Gewerbeordnung anfordern.

(4) Bei Aufträgen ab einer Höhe von 30 000 Euro fordert der öffentliche Auftraggeber nach Absatz 2 für die Bewerberin oder den Bewerber, die oder der den Zuschlag erhalten soll, vor der Zuschlagserteilung eine Auskunft aus dem Gewerbezentralregister nach § 150a der Gewerbeordnung an.

(5) Vor der Entscheidung über den Ausschluss ist die Bewerberin oder der Bewerber zu hören.

### § 20 Pflichten des Arbeitgebers zur Zahlung des Mindestlohns

Arbeitgeber mit Sitz im In- oder Ausland sind verpflichtet, ihren im Inland beschäftigten Arbeitnehmerinnen und Arbeitnehmern ein Arbeitsentgelt mindestens in Höhe des Mindestlohns nach § 1 Absatz 2 spätestens zu dem in § 2 Absatz 1 Satz 1 Nummer 2 genannten Zeitpunkt zu zahlen.

### § 21 Bußgeldvorschriften

(1) Ordnungswidrig handelt, wer vorsätzlich oder fahrlässig

1. entgegen § 15 Satz 1 in Verbindung mit § 5 Absatz 1 Satz 1 des Schwarzarbeitsbekämpfungsgesetzes eine Prüfung nicht duldet oder bei einer Prüfung nicht mitwirkt,
2. entgegen § 15 Satz 1 in Verbindung mit § 5 Absatz 1 Satz 2 des Schwarzarbeitsbekämpfungsgesetzes das Betreten eines Grundstücks oder Geschäftsraums nicht duldet,
3. entgegen § 15 Satz 1 in Verbindung mit § 5 Absatz 3 Satz 1 des Schwarzarbeitsbekämpfungsgesetzes Daten nicht, nicht richtig, nicht vollständig, nicht in der vorgeschriebenen Weise oder nicht rechtzeitig übermittelt,
4. entgegen § 16 Absatz 1 Satz 1 oder Absatz 3 Satz 1 eine Anmeldung nicht, nicht richtig, nicht vollständig, nicht in der vorgeschriebenen Weise oder nicht rechtzeitig vorlegt oder nicht, nicht richtig, nicht vollständig, nicht in der vorgeschriebenen Weise oder nicht rechtzeitig zuleitet,
5. entgegen § 16 Absatz 1 Satz 3, auch in Verbindung mit Absatz 3 Satz 2, eine Änderungsmeldung nicht, nicht richtig, nicht vollständig, nicht in der vorgeschriebenen Weise oder nicht rechtzeitig macht,
6. entgegen § 16 Absatz 2 oder 4 eine Versicherung nicht, nicht richtig oder nicht rechtzeitig beifügt,
7. entgegen § 17 Absatz 1 Satz 1, auch in Verbindung mit Satz 2,

eine Aufzeichnung nicht, nicht richtig, nicht vollständig oder nicht rechtzeitig erstellt oder nicht oder nicht mindestens zwei Jahre aufbewahrt,

8. entgegen § 17 Absatz 2 eine Unterlage nicht, nicht richtig, nicht vollständig oder nicht in der vorgeschriebenen Weise bereithält oder
9. entgegen § 20 das dort genannte Arbeitsentgelt nicht oder nicht rechtzeitig zahlt.

(2) Ordnungswidrig handelt, wer Werk- oder Dienstleistungen in erheblichem Umfang ausführen lässt, indem er als Unternehmer einen anderen Unternehmer beauftragt, von dem er weiß oder fahrlässig nicht weiß, dass dieser bei der Erfüllung dieses Auftrags

1. entgegen § 20 das dort genannte Arbeitsentgelt nicht oder nicht rechtzeitig zahlt oder
2. einen Nachunternehmer einsetzt oder zulässt, dass ein Nachunternehmer tätig wird, der entgegen § 20 das dort genannte Arbeitsentgelt nicht oder nicht rechtzeitig zahlt.

(3) Die Ordnungswidrigkeit kann in den Fällen des Absatzes 1 Nummer 9 und des Absatzes 2 mit einer Geldbuße bis zu fünfhunderttausend Euro, in den übrigen Fällen mit einer Geldbuße bis zu dreißigtausend Euro geahndet werden.

(4) Verwaltungsbehörden im Sinne des § 36 Absatz 1 Nummer 1 des Gesetzes über Ordnungswidrigkeiten sind die in § 14 genannten Behörden jeweils für ihren Geschäftsbereich.

(5) Für die Vollstreckung zugunsten der Behörden des Bundes und der bundesunmittelbaren juristischen Personen des öffentlichen Rechts sowie für die Vollziehung des dinglichen Arrestes

nach § 111d der Strafprozessordnung in Verbindung mit § 46 des Gesetzes über Ordnungswidrigkeiten durch die in § 14 genannten Behörden gilt das Verwaltungs-Vollstreckungsgesetz des Bundes.

## Abschnitt 4 Schlussvorschriften

### § 22 Persönlicher Anwendungsbereich

(1) Dieses Gesetz gilt für Arbeitnehmerinnen und Arbeitnehmer. Praktikantinnen und Praktikanten im Sinne des § 26 des Berufsbildungsgesetzes gelten als Arbeitnehmerinnen und Arbeitnehmer im Sinne dieses Gesetzes, es sei denn, dass sie

1. ein Praktikum verpflichtend auf Grund einer schulrechtlichen Bestimmung, einer Ausbildungsordnung, einer hochschulrechtlichen Bestimmung oder im Rahmen einer Ausbildung an einer gesetzlich geregelten Berufsakademie leisten,
2. ein Praktikum von bis zu drei Monaten zur Orientierung für eine Berufsausbildung oder für die Aufnahme eines Studiums leisten,
3. ein Praktikum von bis zu drei Monaten begleitend zu einer Berufs- oder Hochschulausbildung leisten, wenn nicht zuvor ein solches Praktikumsverhältnis mit demselben Ausbildenden bestanden hat, oder
4. an einer Einstiegsqualifizierung nach § 54a des Dritten Buches Sozialgesetzbuch oder an einer Berufsausbildungsvorbereitung nach §§ 68 bis 70 des Berufsbildungsgesetzes teilnehmen.

Praktikantin oder Praktikant ist unabhängig von der Bezeichnung des Rechtsverhältnisses, wer sich nach der tatsächlichen Ausgestaltung und Durchführung des Vertragsverhältnisses für eine begrenzte Dauer zum Erwerb praktischer Kenntnisse und Erfahrungen einer bestimmten betrieblichen Tätigkeit zur Vorbereitung auf eine berufliche Tätigkeit unterzieht, ohne dass es sich dabei um eine Berufsausbildung im Sinne des Berufsbildungsgesetzes oder um eine damit vergleichbare praktische Ausbildung handelt.

(2) Personen im Sinne von § 2 Absatz 1 und 2 des Jugendarbeitsschutzgesetzes ohne abgeschlossene Berufsausbildung gelten nicht als Arbeitnehmerinnen und Arbeitnehmer im Sinne dieses Gesetzes.

(3) Von diesem Gesetz nicht geregelt wird die Vergütung von zu ihrer Berufsausbildung Beschäftigten sowie ehrenamtlich Tätigen.

(4) Für Arbeitsverhältnisse von Arbeitnehmerinnen und Arbeitnehmern, die unmittelbar vor Beginn der Beschäftigung langzeitarbeitslos im Sinne des § 18 Absatz 1 des Dritten Buches Sozialgesetzbuch waren, gilt der Mindestlohn in den ersten sechs Monaten der Beschäftigung nicht. Die Bundesregierung hat den gesetzgebenden Körperschaften zum 1. Juni 2016 darüber zu berichten, inwieweit die Regelung nach Satz 1 die Wiedereingliederung von Langzeitarbeitslosen in den Arbeitsmarkt gefördert hat, und eine Einschätzung darüber abzugeben, ob diese Regelung fortbestehen soll.

### § 23 Evaluation

Dieses Gesetz ist im Jahr 2020 zu evaluieren.

### § 24 Übergangsregelung

(1) Bis zum 31. Dezember 2017 gehen abweichende Regelungen eines Tarifvertrages repräsentativer Tarifvertragsparteien dem Mindestlohn vor, wenn sie für alle unter den Geltungsbereich des Tarifvertrages fallenden Arbeitgeber mit Sitz im In- oder Ausland

sowie deren Arbeitnehmerinnen und Arbeitnehmer verbindlich gemacht worden sind; ab dem 1. Januar 2017 müssen abweichende Regelungen in diesem Sinne mindestens ein Entgelt von brutto 8,50 Euro je Zeitstunde vorsehen. Satz 1 gilt entsprechend für Rechtsverordnungen, die auf der Grundlage von § 11 des Arbeitnehmer-Entsendegesetzes sowie § 3a des Arbeitnehmerüberlassungsgesetzes erlassen worden sind.

(2) Zeitungszustellerinnen und Zeitungszusteller haben ab dem 1. Januar 2015 einen Anspruch auf 75 Prozent und ab dem 1. Januar 2016 auf 85 Prozent des Mindestlohns nach § 1 Absatz 2 Satz 1. Vom 1. Januar 2017 bis zum 31. Dezember 2017 beträgt der Mindestlohn für Zeitungszustellerinnen und Zeitungszusteller brutto 8,50 Euro je Zeitstunde. Zeitungszustellerinnen und Zeitungszusteller im Sinne der Sätze 1 und 2 sind Personen, die in einem Arbeitsverhältnis ausschließlich periodische Zeitungen oder Zeitschriften an Endkunden zustellen; dies umfasst auch Zustellerinnen und Zusteller von Anzeigenblättern mit redaktionellem Inhalt.

# Anhang 2

## Gesetz über zwingende Arbeitsbedingungen für grenzüberschreitend entsandte und für regelmäßig im Inland beschäftigte Arbeitnehmer und Arbeitnehmerinnen

### Arbeitnehmer-Entsendegesetz

Stand: Zuletzt geändert durch Art. 6 G v. 11.08.2014 I 1348

*[Auszüge]*

### § 2 Allgemeine Arbeitsbedingungen

Die in Rechts- oder Verwaltungsvorschriften enthaltenen Regelungen über

1. die Mindestentgeltsätze einschließlich der Überstundensätze,
2. den bezahlten Mindestjahresurlaub,
3. die Höchstarbeitszeiten und Mindestruhezeiten,
4. die Bedingungen für die Überlassung von Arbeitskräften, insbesondere durch Leiharbeitsunternehmen,
5. die Sicherheit, den Gesundheitsschutz und die Hygiene am Arbeitsplatz,
6. die Schutzmaßnahmen im Zusammenhang mit den Arbeits- und Beschäftigungsbedingungen von Schwangeren und Wöchnerinnen, Kindern und Jugendlichen und
7. die Gleichbehandlung von Männern und Frauen sowie andere Nichtdiskriminierungsbestimmungen

finden auch auf Arbeitsverhältnisse zwischen einem im Ausland ansässigen Arbeitgeber und seinen im Inland beschäftigten Arbeitnehmern und Arbeitnehmerinnen zwingend Anwendung.

*[…]*

**§ 4 Branchen**

(1) § 3 gilt für Tarifverträge

1. des Bauhauptgewerbes oder des Baunebengewerbes im Sinne der Baubetriebe-Verordnung vom 28. Oktober 1980 (BGB l. I S. 2033), zuletzt geändert durch die Verordnung vom 26. April 2006 (BGBl. I S. 1085), in der jeweils geltenden Fassung einschließlich der Erbringung von Montageleistungen auf Baustellen außerhalb des Betriebssitzes,
2. der Gebäudereinigung,
3. für Briefdienstleistungen,
4. für Sicherheitsdienstleistungen,
5. für Bergbauspezialarbeiten auf Steinkohlebergwerken,
6. für Wäschereidienstleistungen im Objektkundengeschäft,
7. der Abfallwirtschaft einschließlich Straßenreinigung und Winterdienst,
8. für Aus- und Weiterbildungsdienstleistungen nach dem Zweiten oder Dritten Buch Sozialgesetzbuch und
9. für Schlachten und Fleischverarbeitung.

(2) § 3 gilt darüber hinaus für Tarifverträge aller anderen als der in Absatz 1 genannten Branchen, wenn die Erstreckung der Rechtsnormen des Tarifvertrages im öffentlichen Interesse geboten erscheint, um die in § 1 genannten Gesetzesziele zu erreichen und dabei insbesondere einem Verdrängungswettbewerb über die Lohnkosten entgegen zu wirken.

## § 5 Arbeitsbedingungen

Gegenstand eines Tarifvertrages nach § 3 können sein

1. Mindestentgeltsätze, die nach Art der Tätigkeit, Qualifikation der Arbeitnehmer und Arbeitnehmerinnen und Regionen differieren können, einschließlich der Überstundensätze,
2. die Dauer des Erholungsurlaubs, das Urlaubsentgelt oder ein zusätzliches Urlaubsgeld,
3. die Einziehung von Beiträgen und die Gewährung von Leistungen im Zusammenhang mit Urlaubsansprüchen nach Nummer 2 durch eine gemeinsame Einrichtung der Tarifvertragsparteien, wenn sichergestellt ist, dass der ausländische Arbeitgeber nicht gleichzeitig zu Beiträgen zu der gemeinsamen Einrichtung der Tarifvertragsparteien und zu einer vergleichbaren Einrichtung im Staat seines Sitzes herangezogen wird und das Verfahren der gemeinsamen Einrichtung der Tarifvertragsparteien eine Anrechnung derjenigen Leistungen vorsieht, die der ausländische Arbeitgeber zur Erfüllung des gesetzlichen, tarifvertraglichen oder einzelvertraglichen Urlaubsanspruchs seines Arbeitnehmers oder seiner Arbeitnehmerin bereits erbracht hat, und
4. Arbeitsbedingungen im Sinne des § 2 Nr. 3 bis 7.

Die Arbeitsbedingungen nach Satz 1 Nummer 1 bis 3 umfassen auch Regelungen zur Fälligkeit entsprechender Ansprüche einschließlich hierzu vereinbarter Ausnahmen und deren Voraussetzungen.

## § 6 Besondere Regelungen

(1) Dieser Abschnitt findet keine Anwendung auf Erstmontage- oder Einbauarbeiten, die Bestandteil eines Liefervertrages sind, für die Inbetriebnahme der gelieferten Güter unerlässlich sind und von Facharbeitern oder Facharbeiterinnen oder angelernten Arbeitern oder Arbeiterinnen des Lieferunternehmens ausgeführt

werden, wenn die Dauer der Entsendung acht Tage nicht übersteigt. Satz 1 gilt nicht für Bauleistungen im Sinne des § 101 Abs. 2 des Dritten Buches Sozialgesetzbuch und nicht für Arbeitsbedingungen nach § 5 Nr. 4.

(2) Im Falle eines Tarifvertrages nach § 4 Absatz 1 Nr. 1 findet dieser Abschnitt Anwendung, wenn der Betrieb oder die selbstständige Betriebsabteilung im Sinne des fachlichen Geltungsbereichs des Tarifvertrages überwiegend Bauleistungen gemäß § 101 Abs. 2 des Dritten Buches Sozialgesetzbuch erbringt.

(3) Im Falle eines Tarifvertrages nach § 4 Absatz 1 Nr. 2 findet dieser Abschnitt Anwendung, wenn der Betrieb oder die selbstständige Betriebsabteilung überwiegend Gebäudereinigungsleistungen erbringt.

(4) Im Falle eines Tarifvertrages nach § 4 Absatz 1 Nr. 3 findet dieser Abschnitt Anwendung, wenn der Betrieb oder die selbstständige Betriebsabteilung überwiegend gewerbs- oder geschäftsmäßig Briefsendungen für Dritte befördert.

(5) Im Falle eines Tarifvertrages nach § 4 Absatz 1 Nr. 4 findet dieser Abschnitt Anwendung, wenn der Betrieb oder die selbstständige Betriebsabteilung überwiegend Dienstleistungen des Bewachungs- und Sicherheitsgewerbes oder Kontroll- und Ordnungsdienste erbringt, die dem Schutz von Rechtsgütern aller Art, insbesondere von Leben, Gesundheit oder Eigentum dienen.

(6) Im Falle eines Tarifvertrages nach § 4 Absatz 1 Nr. 5 findet dieser Abschnitt Anwendung, wenn der Betrieb oder die selbstständige Betriebsabteilung im Auftrag eines Dritten überwiegend auf inländischen Steinkohlebergwerken Grubenräume erstellt oder sonstige untertägige bergbauliche Spezialarbeiten ausführt.

(7) Im Falle eines Tarifvertrages nach § 4 Absatz 1 Nr. 6 findet dieser Abschnitt Anwendung, wenn der Betrieb oder die selbstständige Betriebsabteilung gewerbsmäßig überwiegend Textilien für gewerbliche Kunden sowie öffentlich-rechtliche oder kirchliche Einrichtungen wäscht, unabhängig davon, ob die Wäsche im Eigentum der Wäscherei oder des Kunden steht. Dieser Abschnitt findet keine Anwendung auf Wäschereidienstleistungen, die von Werkstätten für behinderte Menschen im Sinne des § 136 des Neunten Buches Sozialgesetzbuch erbracht werden.

(8) Im Falle eines Tarifvertrages nach § 4 Absatz 1 Nr. 7 findet dieser Abschnitt Anwendung, wenn der Betrieb oder die selbstständige Betriebsabteilung überwiegend Abfälle im Sinne des § 3 Absatz 1 Satz 1 des Kreislaufwirtschaftsgesetzes sammelt, befördert, lagert, beseitigt oder verwertet oder Dienstleistungen des Kehrens und Reinigens öffentlicher Verkehrsflächen und Schnee- und Eisbeseitigung von öffentlichen Verkehrsflächen einschließlich Streudienste erbringt.

(9) Im Falle eines Tarifvertrages nach § 4 Absatz 1 Nr. 8 findet dieser Abschnitt Anwendung, wenn der Betrieb oder die selbstständige Betriebsabteilung überwiegend Aus- und Weiterbildungsmaßnahmen nach dem Zweiten oder Dritten Buch Sozialgesetzbuch durchführt. Ausgenommen sind Einrichtungen der beruflichen Rehabilitation im Sinne des § 35 Abs. 1 Satz 1 des Neunten Buches Sozialgesetzbuch.

(10) Im Falle eines Tarifvertrages nach § 4 Absatz 1 Nummer 9 findet dieser Abschnitt Anwendung in Betrieben und selbstständigen Betriebsabteilungen, in denen überwiegend geschlachtet oder Fleisch verarbeitet wird (Betriebe der Fleischwirtschaft) sowie in Betrieben und selbstständigen Betriebsabteilungen, die ihre Arbeitnehmer und Arbeitnehmerinnen überwiegend in Betrie-

ben der Fleischwirtschaft einsetzen. Das Schlachten umfasst dabei alle Tätigkeiten des Schlachtens und Zerlegens von Tieren mit Ausnahme von Fischen. Die Verarbeitung umfasst alle Tätigkeiten der Weiterverarbeitung von beim Schlachten gewonnenen Fleischprodukten zur Herstellung von Nahrungsmitteln sowie deren Portionierung und Verpackung. Nicht erfasst ist die Verarbeitung, wenn die Behandlung, die Portionierung oder die Verpackung beim Schlachten gewonnener Fleischprodukte direkt auf Anforderung des Endverbrauchers erfolgt.

*[...]*

### § 11 Rechtsverordnung

(1) Das Bundesministerium für Arbeit und Soziales kann durch Rechtsverordnung ohne Zustimmung des Bundesrates bestimmen, dass die von einer nach § 12 errichteten Kommission vorgeschlagenen Arbeitsbedingungen nach § 5 Nr. 1 und 2 auf alle Arbeitgeber sowie Arbeitnehmer und Arbeitnehmerinnen, die unter den Geltungsbereich einer Empfehlung nach § 12 Abs. 4 fallen, Anwendung finden.

(2) Das Bundesministerium für Arbeit und Soziales hat bei seiner Entscheidung nach Absatz 1 neben den in § 1 genannten Gesetzeszielen die Sicherstellung der Qualität der Pflegeleistung sowie den Auftrag kirchlicher und sonstiger Träger der freien Wohlfahrtspflege nach § 11 Abs. 2 des Elften Buches Sozialgesetzbuch zu berücksichtigen.

(3) Vor Erlass einer Rechtsverordnung gibt das Bundesministerium für Arbeit und Soziales den in den Geltungsbereich der Rechtsverordnung fallenden Arbeitgebern und Arbeitnehmern und Arbeitnehmerinnen sowie den Parteien von Tarifverträgen, die zumindest teilweise in den fachlichen Geltungsbereich der

Rechtsverordnung fallen, und paritätisch besetzten Kommissionen, die auf der Grundlage kirchlichen Rechts Arbeitsbedingungen für den Bereich kirchlicher Arbeitgeber in der Pflegebranche festlegen, Gelegenheit zur schriftlichen Stellungnahme innerhalb von drei Wochen ab dem Tag der Bekanntmachung des Entwurfs der Rechtsverordnung.

*[...]*

### § 14 Haftung des Auftraggebers

Ein Unternehmer, der einen anderen Unternehmer mit der Erbringung von Werk- oder Dienstleistungen beauftragt, haftet für die Verpflichtungen dieses Unternehmers, eines Nachunternehmers oder eines von dem Unternehmer oder einem Nachunternehmer beauftragten Verleihers zur Zahlung des Mindestentgelts an Arbeitnehmer oder Arbeitnehmerinnen oder zur Zahlung von Beiträgen an eine gemeinsame Einrichtung der Tarifvertragsparteien nach § 8 wie ein Bürge, der auf die Einrede der Vorausklage verzichtet hat. Das Mindestentgelt im Sinne des Satzes 1 umfasst nur den Betrag, der nach Abzug der Steuern und der Beiträge zur Sozialversicherung und zur Arbeitsförderung oder entsprechender Aufwendungen zur sozialen Sicherung an Arbeitnehmer oder Arbeitnehmerinnen auszuzahlen ist (Nettoentgelt).

### § 15 Gerichtsstand

Arbeitnehmer und Arbeitnehmerinnen, die in den Geltungsbereich dieses Gesetzes entsandt sind oder waren, können eine auf den Zeitraum der Entsendung bezogene Klage auf Erfüllung der Verpflichtungen nach den §§ 2, 8 oder 14 auch vor einem deutschen Gericht für Arbeitssachen erheben. Diese Klagemöglichkeit besteht auch für eine gemeinsame Einrichtung der Tarifvertragsparteien nach § 5 Nr. 3 in Bezug auf die ihr zustehenden Beiträge.

### § 16 Zuständigkeit

Für die Prüfung der Einhaltung der Pflichten eines Arbeitgebers nach § 8, soweit sie sich auf die Gewährung von Arbeitsbedingungen nach § 5 Satz 1 Nummer 1 bis 3 beziehen, sind die Behörden der Zollverwaltung zuständig.

### § 17 Befugnisse der Behörden der Zollverwaltung und anderer Behörden

Die §§ 2 bis 6, 14, 15, 20, 22 und 23 des Schwarzarbeitsbekämpfungsgesetzes sind entsprechend anzuwenden mit der Maßgabe, dass

1. die dort genannten Behörden auch Einsicht in Arbeitsverträge, Niederschriften nach § 2 des Nachweisgesetzes und andere Geschäftsunterlagen nehmen können, die mittelbar oder unmittelbar Auskunft über die Einhaltung der Arbeitsbedingungen nach § 8 geben, und
2. die nach § 5 Abs. 1 des Schwarzarbeitsbekämpfungsgesetzes zur Mitwirkung Verpflichteten diese Unterlagen vorzulegen haben.

Die §§ 16 bis 19 des Schwarzarbeitsbekämpfungsgesetzes finden Anwendung. § 6 Abs. 3 des Schwarzarbeitsbekämpfungsgesetzes findet entsprechende Anwendung. Für die Datenverarbeitung, die dem in § 16 genannten Zweck oder der Zusammenarbeit mit den Behörden des Europäischen Wirtschaftsraums nach § 20 Abs. 2 dient, findet § 67 Abs. 2 Nr. 4 des Zehnten Buches Sozialgesetzbuch keine Anwendung.

### § 18 Meldepflicht

(1) Soweit die Rechtsnormen eines für allgemeinverbindlich erklärten Tarifvertrages nach § 4 Absatz 1 Nummer 1, § 5 Satz 1 Nummer 1 bis 3 und § 6 Absatz 2 oder einer Rechtsverordnung

nach § 7 oder § 7a, soweit sie Arbeitsbedingungen nach § 5 Satz 1 Nummer 1 bis 3 vorschreibt, auf das Arbeitsverhältnis Anwendung finden, ist ein Arbeitgeber mit Sitz im Ausland, der einen Arbeitnehmer oder eine Arbeitnehmerin oder mehrere Arbeitnehmer oder Arbeitnehmerinnen innerhalb des Geltungsbereichs dieses Gesetzes beschäftigt, verpflichtet, vor Beginn jeder Werk- oder Dienstleistung eine schriftliche Anmeldung in deutscher Sprache bei der zuständigen Behörde der Zollverwaltung vorzulegen, die die für die Prüfung wesentlichen Angaben enthält. Wesentlich sind die Angaben über

1. Familienname, Vornamen und Geburtsdatum der von ihm im Geltungsbereich dieses Gesetzes beschäftigten Arbeitnehmer und Arbeitnehmerinnen,
2. Beginn und voraussichtliche Dauer der Beschäftigung,
3. Ort der Beschäftigung, bei Bauleistungen die Baustelle,
4. Ort im Inland, an dem die nach § 19 erforderlichen Unterlagen bereitgehalten werden,
5. Familienname, Vornamen, Geburtsdatum und Anschrift in Deutschland des oder der verantwortlich Handelnden,
6. Branche, in die die Arbeitnehmer und Arbeitnehmerinnen entsandt werden sollen, und
7. Familienname, Vornamen und Anschrift in Deutschland eines oder einer Zustellungsbevollmächtigten, soweit dieser oder diese nicht mit dem oder der in Nummer 5 genannten verantwortlich Handelnden identisch ist.

Änderungen bezüglich dieser Angaben hat der Arbeitgeber im Sinne des Satzes 1 unverzüglich zu melden.

(2) Der Arbeitgeber hat der Anmeldung eine Versicherung beizufügen, dass er seine Verpflichtungen nach § 8 einhält.

(3) Überlässt ein Verleiher mit Sitz im Ausland einen Arbeitnehmer oder eine Arbeitnehmerin oder mehrere Arbeitnehmer oder Arbeitnehmerinnen zur Arbeitsleistung einem Entleiher, hat der Entleiher unter den Voraussetzungen des Absatzes 1 Satz 1 vor Beginn jeder Werk- oder Dienstleistung der zuständigen Behörde der Zollverwaltung eine schriftliche Anmeldung in deutscher Sprache mit folgenden Angaben zuzuleiten:

1. Familienname, Vornamen und Geburtsdatum der überlassenen Arbeitnehmer und Arbeitnehmerinnen,
2. Beginn und Dauer der Überlassung,
3. Ort der Beschäftigung, bei Bauleistungen die Baustelle,
4. Ort im Inland, an dem die nach § 19 erforderlichen Unterlagen bereitgehalten werden,
5. Familienname, Vornamen und Anschrift in Deutschland eines oder einer Zustellungsbevollmächtigten des Verleihers,
6. Branche, in die die Arbeitnehmer und Arbeitnehmerinnen entsandt werden sollen, und
7. Familienname, Vornamen oder Firma sowie Anschrift des Verleihers.

Absatz 1 Satz 3 gilt entsprechend.

(4) Der Entleiher hat der Anmeldung eine Versicherung des Verleihers beizufügen, dass dieser seine Verpflichtungen nach § 8 einhält.

(5) Das Bundesministerium der Finanzen kann durch Rechtsverordnung im Einvernehmen mit dem Bundesministerium für Arbeit und Soziales ohne Zustimmung des Bundesrates bestimmen,

1. dass, auf welche Weise und unter welchen technischen und organisatorischen Voraussetzungen eine Anmeldung, Ände-

rungsmeldung und Versicherung abweichend von Absatz 1 Satz 1 und 3, Absatz 2 und 3 Satz 1 und 2 und Absatz 4 elektronisch übermittelt werden kann,
2. unter welchen Voraussetzungen eine Änderungsmeldung ausnahmsweise entfallen kann, und
3. wie das Meldeverfahren vereinfacht oder abgewandelt werden kann, sofern die entsandten Arbeitnehmer und Arbeitnehmerinnen im Rahmen einer regelmäßig wiederkehrenden Werk- oder Dienstleistung eingesetzt werden oder sonstige Besonderheiten der zu erbringenden Werk- oder Dienstleistungen dies erfordern.

(6) Das Bundesministerium der Finanzen kann durch Rechtsverordnung ohne Zustimmung des Bundesrates die zuständige Behörde nach Absatz 1 Satz 1 und Absatz 3 Satz 1 bestimmen.

### § 19 Erstellen und Bereithalten von Dokumenten

(1) Soweit die Rechtsnormen eines für allgemeinverbindlich erklärten Tarifvertrages nach § 4 Absatz 1 Nummer 1, § 5 Satz 1 Nummer 1 bis 3 und § 6 Absatz 2 oder einer entsprechenden Rechtsverordnung nach § 7 oder § 7a über die Zahlung eines Mindestentgelts oder die Einziehung von Beiträgen und die Gewährung von Leistungen im Zusammenhang mit Urlaubsansprüchen auf das Arbeitsverhältnis Anwendung finden, ist der Arbeitgeber verpflichtet, Beginn, Ende und Dauer der täglichen Arbeitszeit der Arbeitnehmer und Arbeitnehmerinnen spätestens bis zum Ablauf des siebten auf den Tag der Arbeitsleistung folgenden Kalendertages aufzuzeichnen und diese Aufzeichnungen mindestens zwei Jahre beginnend ab dem für die Aufzeichnung maßgeblichen Zeitpunkt aufzubewahren. Satz 1 gilt entsprechend für einen Entleiher, dem ein Verleiher einen Arbeitnehmer oder eine Arbeitnehmerin oder mehrere Arbeitnehmer oder Arbeitnehmerinnen zur Arbeitsleistung überlässt.

(2) Jeder Arbeitgeber ist verpflichtet, die für die Kontrolle der Einhaltung eines für allgemeinverbindlich erklärten Tarifvertrages nach § 4 Absatz 1 Nummer 1, § 5 Satz 1 Nummer 1 bis 3 und § 6 Absatz 2 oder einer entsprechenden Rechtsverordnung nach § 7 oder § 7a erforderlichen Unterlagen im Inland für die gesamte Dauer der tatsächlichen Beschäftigung der Arbeitnehmer und Arbeitnehmerinnen im Geltungsbereich dieses Gesetzes, mindestens für die Dauer der gesamten Werk- oder Dienstleistung, insgesamt jedoch nicht länger als zwei Jahre in deutscher Sprache bereitzuhalten. Auf Verlangen der Prüfbehörde sind die Unterlagen auch am Ort der Beschäftigung bereitzuhalten, bei Bauleistungen auf der Baustelle.

(3) Das Bundesministerium für Arbeit und Soziales kann durch Rechtsverordnung ohne Zustimmung des Bundesrates die Verpflichtungen des Arbeitgebers oder eines Entleihers nach § 18 und den Absätzen 1 und 2 hinsichtlich einzelner Branchen oder Gruppen von Arbeitnehmern und Arbeitnehmerinnen einschränken.

(4) Das Bundesministerium der Finanzen kann durch Rechtsverordnung im Einvernehmen mit dem Bundesministerium für Arbeit und Soziales ohne Zustimmung des Bundesrates bestimmen, wie die Verpflichtung des Arbeitgebers, die tägliche Arbeitszeit bei ihm beschäftigter Arbeitnehmer und Arbeitnehmerinnen aufzuzeichnen und diese Aufzeichnungen aufzubewahren, vereinfacht oder abgewandelt werden kann, sofern Besonderheiten der zu erbringenden Werk- oder Dienstleistungen oder Besonderheiten der Branche dies erfordern.

# Anhang 3

## Gesetz zur Regelung der Arbeitnehmerüberlassung

### Arbeitnehmerüberlassungsgesetz

Stand: Neugefasst durch Bek. v. 3. 2.1995 I 158;
zuletzt geändert durch Art. 7 G v. 11.8.2014 I 1348

*[Auszug]*

**§ 3a Lohnuntergrenze**

(1) Gewerkschaften und Vereinigungen von Arbeitgebern, die zumindest auch für ihre jeweiligen in der Arbeitnehmerüberlassung tätigen Mitglieder zuständig sind (vorschlagsberechtigte Tarifvertragsparteien) und bundesweit tarifliche Mindeststundenentgelte im Bereich der Arbeitnehmerüberlassung miteinander vereinbart haben, können dem Bundesministerium für Arbeit und Soziales gemeinsam vorschlagen, diese als Lohnuntergrenze in einer Rechtsverordnung verbindlich festzusetzen; die Mindeststundenentgelte können nach dem jeweiligen Beschäftigungsort differenzieren und auch Regelungen zur Fälligkeit entsprechender Ansprüche einschließlich hierzu vereinbarter Ausnahmen und deren Voraussetzungen umfassen. Der Vorschlag muss für Verleihzeiten und verleihfreie Zeiten einheitliche Mindeststundenentgelte sowie eine Laufzeit enthalten. Der Vorschlag ist schriftlich zu begründen.

(2) Das Bundesministerium für Arbeit und Soziales kann, wenn dies im öffentlichen Interesse geboten erscheint, in einer Rechtsverordnung ohne Zustimmung des Bundesrates bestimmen, dass die vorgeschlagenen tariflichen Mindeststundenentgelte nach Ab-

satz 1 als verbindliche Lohnuntergrenze auf alle in den Geltungsbereich der Verordnung fallenden Arbeitgeber sowie Leiharbeitnehmer Anwendung findet. Der Verordnungsgeber kann den Vorschlag nur inhaltlich unverändert in die Rechtsverordnung übernehmen.

(3) Der Verordnungsgeber hat bei seiner Entscheidung nach Absatz 2 im Rahmen einer Gesamtabwägung neben den Zielen dieses Gesetzes zu prüfen, ob eine Rechtsverordnung nach Absatz 2 insbesondere geeignet ist, die finanzielle Stabilität der sozialen Sicherungssysteme zu gewährleisten. Der Verordnungsgeber hat zu berücksichtigen

1. die bestehenden bundesweiten Tarifverträge in der Arbeitnehmerüberlassung und
2. die Repräsentativität der vorschlagenden Tarifvertragsparteien.

(4) Liegen mehrere Vorschläge nach Absatz 1 vor, hat der Verordnungsgeber bei seiner Entscheidung nach Absatz 2 im Rahmen der nach Absatz 3 erforderlichen Gesamtabwägung die Repräsentativität der vorschlagenden Tarifvertragsparteien besonders zu berücksichtigen. Bei der Feststellung der Repräsentativität ist vorrangig abzustellen auf

1. die Zahl der jeweils in den Geltungsbereich einer Rechtsverordnung nach Absatz 2 fallenden Arbeitnehmer, die bei Mitgliedern der vorschlagenden Arbeitgebervereinigung beschäftigt sind;
2. die Zahl der jeweils in den Geltungsbereich einer Rechtsverordnung nach Absatz 2 fallenden Mitglieder der vorschlagenden Gewerkschaften.

(5) Vor Erlass ist ein Entwurf der Rechtsverordnung im Bundesanzeiger bekannt zu machen. Das Bundesministerium für Arbeit und Soziales gibt Verleihern und Leiharbeitnehmern sowie den Gewerkschaften und Vereinigungen von Arbeitgebern, die im Geltungsbereich der Rechtsverordnung zumindest teilweise tarifzuständig sind, Gelegenheit zur schriftlichen Stellungnahme innerhalb von drei Wochen ab dem Tag der Bekanntmachung des Entwurfs der Rechtsverordnung im Bundesanzeiger. Nach Ablauf der Stellungnahmefrist wird der in § 5 Absatz 1 Satz 1 des Tarifvertragsgesetzes genannte Ausschuss mit dem Vorschlag befasst.

(6) Nach Absatz 1 vorschlagsberechtigte Tarifvertragsparteien können gemeinsam die Änderung einer nach Absatz 2 erlassenen Rechtsverordnung vorschlagen. Die Absätze 1 bis 5 finden entsprechend Anwendung.

# Anhang 4

## Tarifvertragsgesetz

Stand: Neugefasst durch Bek. v. 25. 8.1969 I 1323;
zuletzt geändert durch Art. 5 G v. 11.8.2014 I 1348

*[Auszug]*

### § 5 Allgemeinverbindlichkeit

(1) Das Bundesministerium für Arbeit und Soziales kann einen Tarifvertrag im Einvernehmen mit einem aus je drei Vertretern der Spitzenorganisationen der Arbeitgeber und der Arbeitnehmer bestehenden Ausschuss (Tarifausschuss) auf gemeinsamen Antrag der Tarifvertragsparteien für allgemeinverbindlich erklären, wenn die Allgemeinverbindlicherklärung im öffentlichen Interesse geboten erscheint. Die Allgemeinverbindlicherklärung erscheint in der Regel im öffentlichen Interesse geboten, wenn

1. der Tarifvertrag in seinem Geltungsbereich für die Gestaltung der Arbeitsbedingungen überwiegende Bedeutung erlangt hat oder
2. die Absicherung der Wirksamkeit der tarifvertraglichen Normsetzung gegen die Folgen wirtschaftlicher Fehlentwicklung eine Allgemeinverbindlicherklärung verlangt.

(1a) Das Bundesministerium für Arbeit und Soziales kann einen Tarifvertrag über eine gemeinsame Einrichtung zur Sicherung ihrer Funktionsfähigkeit im Einvernehmen mit dem Tarifausschuss auf gemeinsamen Antrag der Tarifvertragsparteien für allgemeinverbindlich erklären, wenn der Tarifvertrag die Einziehung von Beiträgen und die Gewährung von Leistungen durch eine gemeinsame Einrichtung mit folgenden Gegenständen regelt:

1. den Erholungsurlaub, ein Urlaubsgeld oder ein zusätzliches Urlaubsgeld,
2. eine betriebliche Altersversorgung im Sinne des Betriebsrentengesetzes,
3. die Vergütung der Auszubildenden oder die Ausbildung in überbetrieblichen Bildungsstätten,
4. eine zusätzliche betriebliche oder überbetriebliche Vermögensbildung der Arbeitnehmer,
5. Lohnausgleich bei Arbeitszeitausfall, Arbeitszeitverkürzung oder Arbeitszeitverlängerung.

Der Tarifvertrag kann alle mit dem Beitragseinzug und der Leistungsgewährung in Zusammenhang stehenden Rechte und Pflichten einschließlich der dem Verfahren zugrunde liegenden Ansprüche der Arbeitnehmer und Pflichten der Arbeitgeber regeln. § 7 Absatz 2 des Arbeitnehmer-Entsendegesetzes findet entsprechende Anwendung.

(2) Vor der Entscheidung über den Antrag ist Arbeitgebern und Arbeitnehmern, die von der Allgemeinverbindlicherklärung betroffen werden würden, den am Ausgang des Verfahrens interessierten Gewerkschaften und Vereinigungen der Arbeitgeber sowie den obersten Arbeitsbehörden der Länder, auf deren Bereich sich der Tarifvertrag erstreckt, Gelegenheit zur schriftlichen Stellungnahme sowie zur Äußerung in einer mündlichen und öffentlichen Verhandlung zu geben.

(3) Erhebt die oberste Arbeitsbehörde eines beteiligten Landes Einspruch gegen die beantragte Allgemeinverbindlicherklärung, so kann das Bundesministerium für Arbeit und Soziales dem Antrag nur mit Zustimmung der Bundesregierung stattgeben.

(4) Mit der Allgemeinverbindlicherklärung erfassen die Rechtsnormen des Tarifvertrags in seinem Geltungsbereich auch die bisher nicht tarifgebundenen Arbeitgeber und Arbeitnehmer. Ein nach Absatz 1a für allgemeinverbindlich erklärter Tarifvertrag ist vom Arbeitgeber auch dann einzuhalten, wenn er nach § 3 an einen anderen Tarifvertrag gebunden ist.

(5) Das Bundesministerium für Arbeit und Soziales kann die Allgemeinverbindlicherklärung eines Tarifvertrags im Einvernehmen mit dem in Absatz 1 genannten Ausschuß aufheben, wenn die Aufhebung im öffentlichen Interesse geboten erscheint. Die Absätze 2 und 3 gelten entsprechend. Im übrigen endet die Allgemeinverbindlichkeit eines Tarifvertrags mit dessen Ablauf.

(6) Das Bundesministerium für Arbeit und Soziales kann der obersten Arbeitsbehörde eines Landes für einzelne Fälle das Recht zur Allgemeinverbindlicherklärung sowie zur Aufhebung der Allgemeinverbindlichkeit übertragen.

(7) Die Allgemeinverbindlicherklärung und die Aufhebung der Allgemeinverbindlichkeit bedürfen der öffentlichen Bekanntmachung. Die Bekanntmachung umfasst auch die von der Allgemeinverbindlicherklärung erfassten Rechtsnormen des Tarifvertrages.

# Anhang 5

## Gesetz zur Bekämpfung der Schwarzarbeit und illegalen Beschäftigung

### Schwarzarbeitsbekämpfungsgesetz

Zuletzt geändert durch Art. 7 G v. 21.07.2012 I 1566

*[Auszug]*

### § 2 Prüfungsaufgaben

(1) Die Behörden der Zollverwaltung prüfen, ob

1. die sich aus den Dienst- oder Werkleistungen ergebenden Pflichten nach § 28a des Vierten Buches Sozialgesetzbuch erfüllt werden oder wurden,
2. auf Grund der Dienst- oder Werkleistungen Sozialleistungen nach dem Zweiten und Dritten Buch Sozialgesetzbuch oder Leistungen nach dem Altersteilzeitgesetz zu Unrecht bezogen werden oder wurden,
3. die Angaben des Arbeitgebers, die für die Sozialleistungen nach dem Dritten Buch Sozialgesetzbuch erheblich sind, zutreffend bescheinigt wurden,
4. Ausländer nicht

a) entgegen § 284 Abs. 1 des Dritten Buches Sozialgesetzbuch oder § 4 Abs. 3 Satz 1 und 2 des Aufenthaltsgesetzes und nicht zu ungünstigeren Arbeitsbedingungen als vergleichbare deutsche Arbeitnehmer oder Arbeitnehmerinnen beschäftigt werden oder wurden, oder
b) entgegen § 4 Abs. 3 Satz 1 und 2 des Aufenthaltsgesetzes mit entgeltlichen Dienst- oder Werkleistungen beauftragt werden oder wurden

und

5. Arbeitsbedingungen nach Maßgabe des Mindestlohngesetzes, des Arbeitnehmer-Entsendegesetzes und des § 10 Absatz 5 des Arbeitnehmerüberlassungsgesetzes eingehalten werden oder wurden.

Die Prüfung der Erfüllung steuerlicher Pflichten im Sinne von § 1 Abs. 2 Nr. 2 obliegt den zuständigen Landesfinanzbehörden. Die Behörden der Zollverwaltung sind zur Mitwirkung an Prüfungen der Landesfinanzbehörden berechtigt. Die Behörden der Zollverwaltung prüfen zur Erfüllung ihrer Mitteilungspflicht nach § 6 Abs. 1 Satz 1 in Verbindung mit Abs. 3 Nr. 4, ob Anhaltspunkte dafür bestehen, dass Steuerpflichtige den sich aus den Dienst- oder Werkleistungen ergebenden steuerlichen Pflichten nicht nachgekommen sind. Grundsätze der Zusammenarbeit werden von den obersten Finanzbehörden des Bundes und der Länder im gegenseitigen Einvernehmen geregelt.

(1a) Die nach Landesrecht für die Verfolgung und Ahndung von Ordnungswidrigkeiten nach diesem Gesetz zuständigen Behörden prüfen, ob

1. der Verpflichtung zur Anzeige vom Beginn des selbstständigen Betriebes eines stehenden Gewerbes (§ 14 der Gewerbeordnung) nachgekommen oder die erforderliche Reisegewerbekarte (§ 55 der Gewerbeordnung) erworben wurde,
2. ein zulassungspflichtiges Handwerk als stehendes Gewerbe selbstständig betrieben wird und die Eintragung in die Handwerksrolle vorliegt.

(2) Die Behörden der Zollverwaltung werden bei den Prüfungen nach Absatz 1 unterstützt von

1 den Finanzbehörden,
2 der Bundesagentur für Arbeit,
2a der Bundesnetzagentur für Elektrizität, Gas, Telekommunikation, Post und Eisenbahnen,
3 den Einzugsstellen (§ 28i des Vierten Buches Sozialgesetzbuch),
4 den Trägern der Rentenversicherung,
5 den Trägern der Unfallversicherung,
6 den Trägern der Sozialhilfe,
7 den nach dem Asylbewerberleistungsgesetz zuständigen Behörden,
8 den in § 71 Abs. 1 bis 3 des Aufenthaltsgesetzes genannten Behörden,
8a dem Bundesamt für Güterverkehr,
9 den für den Arbeitsschutz zuständigen Landesbehörden,
10 den Polizeivollzugsbehörden der Länder auf Ersuchen im Einzelfall und
11 den nach Landesrecht für die Verfolgung und Ahndung von Ordnungswidrigkeiten nach diesem Gesetz zuständigen Behörden.

Die Aufgaben dieser Stellen nach anderen Rechtsvorschriften bleiben unberührt. Die Prüfungen können mit anderen Prüfungen der in diesem Absatz genannten Stellen verbunden werden; die Vorschriften über die Unterrichtung und Zusammenarbeit bleiben hiervon unberührt. Verwaltungskosten der unterstützenden Stellen werden nicht erstattet.

**§ 2a Mitführungs- und Vorlagepflicht von Ausweispapieren**
(1) Bei der Erbringung von Dienst- oder Werkleistungen sind die in folgenden Wirtschaftsbereichen oder Wirtschaftszweigen tätigen Personen verpflichtet, ihren Personalausweis, Pass, Passersatz oder Ausweisersatz mitzuführen und den Behörden der Zoll-

verwaltung auf Verlangen vorzulegen:

1. im Baugewerbe,
2. im Gaststätten- und Beherbergungsgewerbe,
3. im Personenbeförderungsgewerbe,
4. im Speditions-, Transport- und damit verbundenen Logistikgewerbe,
5. im Schaustellergewerbe,
6. bei Unternehmen der Forstwirtschaft,
7. im Gebäudereinigungsgewerbe,
8. bei Unternehmen, die sich am Auf- und Abbau von Messen und Ausstellungen beteiligen,
9. in der Fleischwirtschaft.

(2) Der Arbeitgeber hat jeden und jede seiner Arbeitnehmer und Arbeitnehmerinnen nachweislich und schriftlich auf die Pflicht nach Absatz 1 hinzuweisen, diesen Hinweis für die Dauer der Erbringung der Dienst- oder Werkleistungen aufzubewahren und auf Verlangen bei den Prüfungen nach § 2 Abs. 1 vorzulegen.

**§ 3 Befugnisse bei der Prüfung von Personen**

(1) Zur Durchführung der Prüfungen nach § 2 Abs. 1 sind die Behörden der Zollverwaltung und die sie gemäß § 2 Abs. 2 unterstützenden Stellen befugt, Geschäftsräume und Grundstücke des Arbeitgebers und des Auftraggebers von selbstständig tätigen Personen sowie des Entleihers im Rahmen einer Prüfung nach § 2 Absatz 1 Nummer 5 während der Arbeitszeit der dort tätigen Personen zu betreten und dabei

1. von diesen Auskünfte hinsichtlich ihrer Beschäftigungsverhältnisse oder ihrer Tätigkeiten einzuholen und
2. Einsicht in von ihnen mitgeführte Unterlagen zu nehmen, von denen anzunehmen ist, dass aus ihnen Umfang, Art oder Dau-

er ihrer Beschäftigungsverhältnisse oder Tätigkeiten hervorgehen oder abgeleitet werden können.

(2) Ist eine Person zur Ausführung von Dienst- oder Werkleistungen bei Dritten tätig, gilt Absatz 1 entsprechend.

(3) Die Behörden der Zollverwaltung und die sie gemäß § 2 Abs. 2 unterstützenden Stellen sind zur Durchführung der Prüfungen nach § 2 Abs. 1 ermächtigt, die Personalien der in den Geschäftsräumen oder auf dem Grundstück des Arbeitgebers, Auftraggebers oder des Dritten sowie des Entleihers im Rahmen einer Prüfung nach § 2 Absatz 1 Nummer 5 tätigen Personen zu überprüfen. Sie können zu diesem Zweck die in Satz 1 genannten Personen anhalten, sie nach ihren Personalien (Vor-, Familien- und Geburtsnamen, Ort und Tag der Geburt, Beruf, Wohnort, Wohnung und Staatsangehörigkeit) befragen und verlangen, dass sie mitgeführte Ausweispapiere zur Prüfung aushändigen.

(4) Im Verteidigungsbereich darf ein Betretensrecht nur im Einvernehmen mit dem Bundesministerium der Verteidigung ausgeübt werden.

(5) Die Bediensteten der Zollverwaltung dürfen Beförderungsmittel anhalten. Führer von Beförderungsmitteln haben auf Verlangen zu halten und den Zollbediensteten zu ermöglichen, in das Beförderungsmittel zu gelangen und es wieder zu verlassen. Die Zollverwaltung unterrichtet die Polizeivollzugsbehörden über groß angelegte Kontrollen.

**§ 4 Befugnisse bei der Prüfung von Geschäftsunterlagen**

(1) Zur Durchführung der Prüfungen nach § 2 Abs. 1 sind die Behörden der Zollverwaltung und die sie gemäß § 2 Abs. 2 unterstützenden Stellen befugt, Geschäftsräume und Grundstücke

des Arbeitgebers und Auftraggebers von Dienst- oder Werkleistungen sowie des Entleihers im Rahmen einer Prüfung nach § 2 Absatz 1 Nummer 5 während der Geschäftszeit zu betreten und dort Einsicht in die Lohn- und Meldeunterlagen, Bücher und andere Geschäftsunterlagen zu nehmen, aus denen Umfang, Art oder Dauer von Beschäftigungsverhältnissen hervorgehen oder abgeleitet werden können.

(2) Die Behörden der Zollverwaltung sind zur Durchführung der Prüfungen nach § 2 Abs. 1 befugt, Einsicht in die Unterlagen zu nehmen, aus denen die Vergütung der Dienst- oder Werkleistungen hervorgeht, die natürliche oder juristische Personen oder Personenvereinigungen in Auftrag gegeben haben. Satz 1 gilt im Rahmen der Durchführung der Prüfung nach § 2 Absatz 1 Nummer 5 entsprechend für Unterlagen, aus denen die Vergütung des Leiharbeitsverhältnisses hervorgeht.

(3) Die Behörden der Zollverwaltung sind zur Durchführung der Prüfungen nach § 2 Abs. 1 befugt, bei dem Auftraggeber, der nicht Unternehmer im Sinne des § 2 des Umsatzsteuergesetzes 1999 ist, Einsicht in die Rechnungen, einen Zahlungsbeleg oder eine andere beweiskräftige Unterlage über ausgeführte Werklieferungen oder sonstige Leistungen im Zusammenhang mit einem Grundstück zu nehmen.

### § 5 Duldungs- und Mitwirkungspflichten

(1) Arbeitgeber, Arbeitnehmer und Arbeitnehmerinnen, Auftraggeber und Dritte, die bei einer Prüfung nach § 2 Abs. 1, sowie Entleiher, die bei einer Prüfung nach § 2 Absatz 1 Nummer 5 angetroffen werden, haben die Prüfung zu dulden und dabei mitzuwirken, insbesondere für die Prüfung erhebliche Auskünfte zu erteilen und die in den §§ 3 und 4 genannten Unterlagen vorzulegen. In den Fällen des § 3 Abs. 1 und 2 sowie des § 4 Abs. 1

und 2 haben sie auch das Betreten der Grundstücke und der Geschäftsräume zu dulden. Auskünfte, die die verpflichtete Person oder eine ihr nahe stehende Person (§ 383 Abs. 1 Nr. 1 bis 3 der Zivilprozessordnung) der Gefahr aussetzen, wegen einer Straftat oder Ordnungswidrigkeit verfolgt zu werden, können verweigert werden. Ausländer sind ferner verpflichtet, ihren Pass, Passersatz oder Ausweisersatz und ihren Aufenthaltstitel, ihre Duldung oder ihre Aufenthaltsgestattung den Behörden der Zollverwaltung auf Verlangen vorzulegen und, sofern sich Anhaltspunkte für einen Verstoß gegen ausländerrechtliche Vorschriften ergeben, zur Weiterleitung an die zuständige Ausländerbehörde zu überlassen. Werden die Dokumente einbehalten, erhält der betroffene Ausländer eine Bescheinigung, welche die einbehaltenen Dokumente und die Ausländerbehörde bezeichnet, an die die Dokumente weitergeleitet werden. Der Ausländer ist verpflichtet, unverzüglich mit der Bescheinigung bei der Ausländerbehörde zu erscheinen. Darauf ist in der Bescheinigung hinzuweisen. Gibt die Ausländerbehörde die einbehaltenen Dokumente zurück oder werden Ersatzdokumente ausgestellt oder vorgelegt, behält die Ausländerbehörde die Bescheinigung ein.

(2) In Fällen des § 4 Abs. 3 haben die Auftraggeber, die nicht Unternehmer im Sinne des § 2 des Umsatzsteuergesetzes 1999 sind, eine Prüfung nach § 2 Abs. 1 zu dulden und dabei mitzuwirken, insbesondere die für die Prüfung erheblichen Auskünfte zu erteilen und die in § 4 Abs. 3 genannten Unterlagen vorzulegen. Absatz 1 Satz 3 gilt entsprechend.

(3) In Datenverarbeitungsanlagen gespeicherte Daten haben der Arbeitgeber und der Auftraggeber sowie der Entleiher im Rahmen einer Prüfung nach § 2 Absatz 1 Nummer 5 auszusondern und den Behörden der Zollverwaltung auf deren Verlangen auf automatisiert verarbeitbaren Datenträgern oder in Listen zu über-

mitteln. Der Arbeitgeber und der Auftraggeber sowie der Entleiher im Rahmen einer Prüfung nach § 2 Absatz 1 Nummer 5 dürfen automatisiert verarbeitbare Datenträger oder Datenlisten, die die erforderlichen Daten enthalten, ungesondert zur Verfügung stellen, wenn die Aussonderung mit einem unverhältnismäßigen Aufwand verbunden wäre und überwiegende schutzwürdige Interessen des Betroffenen nicht entgegenstehen. In diesem Fall haben die Behörden der Zollverwaltung die Daten zu trennen und die nicht nach Satz 1 zu übermittelnden Daten zu löschen. Soweit die übermittelten Daten für Zwecke der Ermittlung von Straftaten oder Ordnungswidrigkeiten, der Ermittlung von steuerlich erheblichen Sachverhalten oder der Festsetzung von Sozialversicherungsbeiträgen oder Sozialleistungen nicht benötigt werden, sind die Datenträger oder Listen nach Abschluss der Prüfungen nach § 2 Abs. 1 auf Verlangen des Arbeitgebers oder des Auftraggebers zurückzugeben oder die Daten unverzüglich zu löschen.

### § 6 Unterrichtung und Zusammenarbeit von Behörden

(1) Die Behörden der Zollverwaltung und die sie gemäß § 2 Abs. 2 unterstützenden Stellen sind verpflichtet, einander die für deren Prüfungen erforderlichen Informationen einschließlich personenbezogener Daten und die Ergebnisse der Prüfungen zu übermitteln, soweit deren Kenntnis für die Erfüllung der Aufgaben der Behörden oder Stellen erforderlich ist. Die Behörden der Zollverwaltung einerseits und die Strafverfolgungsbehörden und die Polizeivollzugsbehörden andererseits übermitteln einander die erforderlichen Informationen für die Verhütung und Verfolgung von Straftaten und Ordnungswidrigkeiten, die in Zusammenhang mit einem der in § 2 Abs. 1 genannten Prüfgegenstände stehen. An Strafverfolgungsbehörden und Polizeivollzugsbehörden dürfen personenbezogene Daten nur übermittelt werden, sofern tatsächliche Anhaltspunkte dafür vorliegen, dass die Daten für die Ver-

hütung und Verfolgung von Straftaten oder Ordnungswidrigkeiten, die in Zusammenhang mit einem der in § 2 Abs. 1 genannten Prüfgegenstände stehen, erforderlich sind.

(2) Die Behörden der Zollverwaltung dürfen zur Wahrnehmung ihrer Aufgaben nach § 2 Abs. 1 sowie zur Verfolgung von Straftaten oder Ordnungswidrigkeiten die Datenbestände der Bundesagentur für Arbeit über erteilte Arbeitsgenehmigungen-EU und Zustimmungen zur Beschäftigung sowie über im Rahmen von Werkvertragskontingenten beschäftigte ausländische Arbeitnehmer und Arbeitnehmerinnen automatisiert abrufen; die Strafverfolgungsbehörden sind zum automatisierten Abruf nur berechtigt, soweit dies zur Verfolgung von Straftaten oder Ordnungswidrigkeiten erforderlich ist. § 79 Abs. 2 bis 4 des Zehnten Buches Sozialgesetzbuch gilt entsprechend.

(3) Die Behörden der Zollverwaltung unterrichten die jeweils zuständigen Stellen, wenn sich bei der Durchführung ihrer Aufgaben nach diesem Gesetz Anhaltspunkte ergeben für Verstöße gegen

1 dieses Gesetz,
2 das Arbeitnehmerüberlassungsgesetz,
3 Bestimmungen des Vierten und Siebten Buches Sozialgesetzbuch zur Zahlung von Beiträgen,
4 die Steuergesetze,
5 das Aufenthaltsgesetz,
6 die Mitwirkungspflicht nach § 60 Abs. 1 Satz 1 Nr. 1 und 2 des Ersten Buches Sozialgesetzbuch oder die Meldepflicht nach § 8a des Asylbewerberleistungsgesetzes,
7 die Handwerks- oder Gewerbeordnung,
7a das Güterkraftverkehrsgesetz,
8 sonstige Strafgesetze,

9 das Arbeitnehmer-Entsendegesetz oder
10 das Mindestlohngesetz.

Nach § 5 Abs. 1 Satz 4 in Verwahrung genommene Urkunden sind der Ausländerbehörde unverzüglich zu übermitteln.

(4) Bestehen Anhaltspunkte dafür, dass eine nach § 5 Abs. 1 Satz 4 in Verwahrung genommene Urkunde unecht oder verfälscht ist, ist sie an die zuständige Polizeivollzugsbehörde zu übermitteln.

*[...]*

**§ 14 Ermittlungsbefugnisse**

(1) Die Behörden der Zollverwaltung haben bei der Verfolgung von Straftaten und Ordnungswidrigkeiten, die mit einem der in § 2 Abs. 1 genannten Prüfgegenstände unmittelbar zusammenhängen, die gleichen Befugnisse wie die Polizeivollzugsbehörden nach der Strafprozessordnung und dem Gesetz über Ordnungswidrigkeiten. Ihre Beamten sind insoweit Ermittlungspersonen der Staatsanwaltschaft. In den Dienst der Zollverwaltung übergeleitete Angestellte nehmen die Befugnisse nach Satz 1 wahr und sind insoweit Ermittlungspersonen der Staatsanwaltschaft, wenn sie

1. das 21. Lebensjahr vollendet haben,
2. am 31. Dezember 2003 im Dienst der Bundesanstalt für Arbeit gestanden haben und
3. dort mindestens zwei Jahre lang zur Bekämpfung der Schwarzarbeit oder der illegalen Beschäftigung eingesetzt waren.

(2) Zur Bekämpfung von Schwarzarbeit und illegaler Beschäftigung können die Behörden der Zollverwaltung, die Polizei-

behörden und die Landesfinanzbehörden in Abstimmung mit der Staatsanwaltschaft gemeinsame Ermittlungsgruppen bilden.

### § 15 Allgemeines

Für die Wahrnehmung der Aufgaben nach diesem Gesetz durch die Behörden der Zollverwaltung gelten hinsichtlich der Sozialdaten die Vorschriften des Zweiten Kapitels des Zehnten Buches Sozialgesetzbuch. Diese Aufgaben gelten in datenschutzrechtlicher Hinsicht auch als Aufgaben nach dem Sozialgesetzbuch. Die Vorschriften des Vierten Abschnitts des Ersten Teils der Abgabenordnung zum Steuergeheimnis bleiben unberührt.

### § 16 Zentrale Datenbank

(1) Zur Durchführung dieses Gesetzes führt der Arbeitsbereich Finanzkontrolle Schwarzarbeit der Zollverwaltung eine zentrale Prüfungs- und Ermittlungsdatenbank.

(2) In der zentralen Datenbank sind folgende Daten zu speichern, wenn sich tatsächliche Anhaltspunkte für das Vorliegen von Schwarzarbeit (§ 1 Abs. 2) oder von illegaler Beschäftigung (§ 404 Abs. 1, Abs. 2 Nr. 3, 4, 20 und 26 des Dritten Buches Sozialgesetzbuch, §§ 15, 15a, 16 Absatz 1 Nummer 1, 1a, 1b, 2, 2a und 7b des Arbeitnehmerüberlassungsgesetzes, § 23 Abs. 1 Nr. 1 und Abs. 2 des Arbeitnehmer-Entsendegesetzes, § 21 Absatz 1 Nummer 1 und Absatz 2 des Mindestlohngesetzes, §§ 10, 10a und 11) ergeben:

1. Familienname, Geburtsname, Vornamen, Geburtsdatum, Geburtsort und -bezirk, Geschlecht, Staatsangehörigkeiten, bei Unternehmen Name und Sitz der Person, bei der Anhaltspunkte für das Vorliegen von Schwarzarbeit oder von illegaler Beschäftigung bestehen,
2. die Stelle der Zollverwaltung, die die Überprüfung durchgeführt hat, und das Aktenzeichen,

3. die Darlegung der tatsächlichen Anhaltspunkte für das Vorliegen von Schwarzarbeit oder von illegaler Beschäftigung,
4. der Zeitpunkt der Einleitung und der Zeitpunkt der Erledigung des Verfahrens durch die Behörden der Zollverwaltung, im Fall des § 19 Abs. 2 Satz 1 auch der Zeitpunkt und die Art der Erledigung durch das Gericht oder die Staatsanwaltschaft.

(3) Die Daten dürfen nur für die Durchführung von Prüfungen nach § 2 Abs. 1 sowie für die Verhütung und Verfolgung von Straftaten und Ordnungswidrigkeiten im Zusammenhang mit den Prüfgegenständen nach § 2 Abs. 1 und für die Besteuerung, soweit sie im Zusammenhang mit der Erbringung von Dienst- oder Werkleistungen steht, verwendet werden.

(4) Die Behörden der Zollverwaltung übermitteln die in Absatz 2 genannten Daten dem Arbeitsbereich Finanzkontrolle Schwarzarbeit der Zollverwaltung zu dem in Absatz 3 genannten Zweck.

### § 17 Auskunft an Behörden der Zollverwaltung, an die Polizeivollzugsbehörden des Bundes und der Länder, an die Finanzbehörden und an die Staatsanwaltschaften

(1) Auskunft aus der zentralen Datenbank wird auf Ersuchen erteilt

1. den Behörden der Zollverwaltung für die Durchführung von Prüfungen nach § 2 Abs. 1 sowie für die Verfolgung von Straftaten und Ordnungswidrigkeiten, die in unmittelbarem Zusammenhang mit einem der in § 2 Abs. 1 genannten Prüfgegenstände stehen,
2. den Staatsanwaltschaften für Zwecke der Strafverfolgung,
3. den Polizeivollzugsbehörden des Bundes und der Länder für die Verhütung und Verfolgung von Straftaten und Ordnungswidrigkeiten, die im Zusammenhang mit einem der in § 2 Abs. 1 genannten Prüfgegenstände stehen,

4. den Finanzbehörden der Länder zur Durchführung eines Steuerstraf- oder Steuerordnungswidrigkeitenverfahrens und für die Besteuerung, soweit sie im Zusammenhang mit der Erbringung von Dienst- oder Werkleistungen steht.

Soweit durch eine Auskunft die Gefährdung des Untersuchungszwecks eines Ermittlungsverfahrens zu besorgen ist, kann die für dieses Verfahren zuständige Behörde der Zollverwaltung oder die zuständige Staatsanwaltschaft anordnen, dass keine Auskunft erteilt werden darf. § 478 Abs. 1 Satz 1 und 2 der Strafprozessordnung findet Anwendung, wenn die Daten Verfahren betreffen, die zu einem Strafverfahren geführt haben.

(2) Die Übermittlung der Daten erfolgt im Wege eines automatisierten Abrufverfahrens oder eines automatisierten Anfrage- und Auskunftsverfahrens, im Fall einer Störung der Datenfernübertragung oder bei außergewöhnlicher Dringlichkeit telefonisch oder durch Telefax. Die beteiligten Stellen haben zu gewährleisten, dass dem jeweiligen Stand der Technik entsprechende Maßnahmen zur Sicherstellung von Datenschutz und Datensicherheit getroffen werden, die insbesondere die Vertraulichkeit und Unversehrtheit der Daten gewährleisten; im Fall der Nutzung allgemein zugänglicher Netze sind dem jeweiligen Stand der Technik entsprechende Verschlüsselungsverfahren anzuwenden. Es gilt § 79 Abs. 2 bis 4 des Zehnten Buches Sozialgesetzbuch.

**§ 18 Auskunft an die betroffene Person**

Für die Auskunft an die betroffene Person gilt § 83 des Zehnten Buches Sozialgesetzbuch. Die Auskunft bedarf des Einvernehmens der zuständigen Staatsanwaltschaft, wenn sie Daten aus einem Verfahren betrifft, das zu einem Strafverfahren geführt hat.

### § 19 Löschung

(1) Daten in der zentralen Datenbank sind spätestens zu löschen,

1. wenn seit dem Abschluss der letzten von den Behörden der Zollverwaltung vorgenommenen Verfahrenshandlung ein Jahr vergangen ist, ohne dass ein Bußgeldverfahren eingeleitet oder die Sache an die Staatsanwaltschaft abgegeben wurde,
2. sofern ein Bußgeldverfahren eingeleitet oder die Sache an die Staatsanwaltschaft abgegeben wurde, fünf Jahre nach dem Zeitpunkt der Einleitung oder der Abgabe.

(2) Wird den Behörden der Zollverwaltung bekannt, dass eine Person, über die Daten nach § 16 Abs. 2 gespeichert wurden, wegen der betreffenden Tat rechtskräftig freigesprochen, die Eröffnung des Hauptverfahrens gegen sie unanfechtbar abgelehnt oder das Verfahren nicht nur vorläufig eingestellt ist, teilen sie dies dem Arbeitsbereich Finanzkontrolle Schwarzarbeit der Zollverwaltung mit. Die betroffenen Daten sind zwei Jahre nach der Erledigung des Strafverfahrens zu löschen.

(3) § 84 Abs. 3 des Zehnten Buches Sozialgesetzbuch bleibt unberührt.

### § 20 Entschädigung der Zeugen und Sachverständigen

Werden Zeugen und Sachverständige von den Behörden der Zollverwaltung herangezogen, so erhalten sie auf Antrag in entsprechender Anwendung des Justizvergütungs- und -entschädigungsgesetzes eine Entschädigung oder Vergütung.

*[...]*

### § 22 Verwaltungsverfahren

Soweit dieses Gesetz nichts anderes bestimmt, gelten die Vorschriften der Abgabenordnung sinngemäß für das Verwaltungsverfahren der Behörden der Zollverwaltung nach diesem Gesetz.

# Anhang 6

## Berufsbildungsgesetz

Stand: Zuletzt geändert Art. 22 G v. 25.07.2013 I 2749

*[Auszug]*

### § 26 Andere Vertragsverhältnisse

Soweit nicht ein Arbeitsverhältnis vereinbart ist, gelten für Personen, die eingestellt werden, um berufliche Fertigkeiten, Kenntnisse, Fähigkeiten oder berufliche Erfahrungen zu erwerben, ohne dass es sich um eine Berufsausbildung im Sinne dieses Gesetzes handelt, die §§ 10 bis 23 und 25 mit der Maßgabe, dass die gesetzliche Probezeit abgekürzt, auf die Vertragsniederschrift verzichtet und bei vorzeitiger Lösung des Vertragsverhältnisses nach Ablauf der Probezeit abweichend von § 23 Abs. 1 Satz 1 Schadensersatz nicht verlangt werden kann.

*[...]*

### § 68 Personenkreis und Anforderungen

(1) Die Berufsausbildungsvorbereitung richtet sich an lernbeeinträchtigte oder sozial benachteiligte Personen, deren Entwicklungsstand eine erfolgreiche Ausbildung in einem anerkannten Ausbildungsberuf noch nicht erwarten lässt. Sie muss nach Inhalt, Art, Ziel und Dauer den besonderen Erfordernissen des in Satz 1 genannten Personenkreises entsprechen und durch umfassende sozialpädagogische Betreuung und Unterstützung begleitet werden.

(2) Für die Berufsausbildungsvorbereitung, die nicht im Rahmen des Dritten Buches Sozialgesetzbuch oder anderer vergleichbarer, öffentlich geförderter Maßnahmen durchgeführt wird, gelten die §§ 27 bis 33 entsprechend.

**§ 69 Qualifizierungsbausteine, Bescheinigung**

(1) Die Vermittlung von Grundlagen für den Erwerb beruflicher Handlungsfähigkeit (§ 1 Abs. 2) kann insbesondere durch inhaltlich und zeitlich abgegrenzte Lerneinheiten erfolgen, die aus den Inhalten anerkannter Ausbildungsberufe entwickelt werden (Qualifizierungsbausteine).

(2) Über vermittelte Grundlagen für den Erwerb beruflicher Handlungsfähigkeit stellt der Anbieter der Berufsausbildungsvorbereitung eine Bescheinigung aus. Das Nähere regelt das Bundesministerium für Bildung und Forschung im Einvernehmen mit den für den Erlass von Ausbildungsordnungen zuständigen Fachministerien nach Anhörung des Hauptausschusses des Bundesinstituts für Berufsbildung durch Rechtsverordnung, die nicht der Zustimmung des Bundesrates bedarf.

**§ 70 Überwachung, Beratung**

(1) Die nach Landesrecht zuständige Behörde hat die Berufsausbildungsvorbereitung zu untersagen, wenn die Voraussetzungen des § 68 Abs. 1 nicht vorliegen.

(2) Der Anbieter hat die Durchführung von Maßnahmen der Berufsausbildungsvorbereitung vor Beginn der Maßnahme der zuständigen Stelle schriftlich anzuzeigen. Die Anzeigepflicht erstreckt sich auf den wesentlichen Inhalt des Qualifizierungsvertrages sowie die nach § 88 Abs. 1 Nr. 5 erforderlichen Angaben.

(3) Die Absätze 1 und 2 sowie § 76 finden keine Anwendung, soweit die Berufsausbildungsvorbereitung im Rahmen des Dritten Buches Sozialgesetzbuch oder anderer vergleichbarer, öffentlich geförderter Maßnahmen durchgeführt wird.

# Anhang 7

## Sozialgesetzbuch (SGB) Drittes Buch (III) – Arbeitsförderung –

Stand: Zuletzt geändert durch Art. 8 G v. 11.08.2014 I 1348

*[Auszug]*

### § 18 Langzeitarbeitslose

(1) Langzeitarbeitslose sind Arbeitslose, die ein Jahr und länger arbeitslos sind. Die Teilnahme an einer Maßnahme nach § 45 sowie Zeiten einer Erkrankung oder sonstiger Nicht-Erwerbstätigkeit bis zu sechs Wochen unterbrechen die Dauer der Arbeitslosigkeit nicht.

(2) Für Leistungen, die Langzeitarbeitslosigkeit voraussetzen, bleiben folgende Unterbrechungen der Arbeitslosigkeit innerhalb eines Zeitraums von fünf Jahren unberücksichtigt:

1. Zeiten einer Maßnahme der aktiven Arbeitsförderung oder zur Eingliederung in Arbeit nach dem Zweiten Buch,
2. Zeiten einer Krankheit, einer Pflegebedürftigkeit oder eines Beschäftigungsverbots nach dem Mutterschutzgesetz,
3. Zeiten der Betreuung und Erziehung aufsichtsbedürftiger Kinder oder der Betreuung pflegebedürftiger Angehöriger,
4. Beschäftigungen oder selbständige Tätigkeiten bis zu einer Dauer von insgesamt sechs Monaten,
5. Zeiten, in denen eine Beschäftigung rechtlich nicht möglich war, und
6. kurze Unterbrechungen der Arbeitslosigkeit ohne Nachweis.

(3) Ergibt sich der Sachverhalt einer unschädlichen Unterbrechung üblicherweise nicht aus den Unterlagen der Arbeitsvermittlung, so reicht Glaubhaftmachung aus.

*[...]*

**§ 54a Einstiegsqualifizierung**

(1) Arbeitgeber, die eine betriebliche Einstiegsqualifizierung durchführen, können durch Zuschüsse zur Vergütung bis zu einer Höhe von 216 Euro monatlich zuzüglich eines pauschalierten Anteils am durchschnittlichen Gesamtsozialversicherungsbeitrag der oder des Auszubildenden gefördert werden. Die betriebliche Einstiegsqualifizierung dient der Vermittlung und Vertiefung von Grundlagen für den Erwerb beruflicher Handlungsfähigkeit. Soweit die betriebliche Einstiegsqualifizierung als Berufsausbildungsvorbereitung nach dem Berufsbildungsgesetz durchgeführt wird, gelten die §§ 68 bis 70 des Berufsbildungsgesetzes.

(2) Eine Einstiegsqualifizierung kann für die Dauer von sechs bis längstens zwölf Monaten gefördert werden, wenn sie

1. auf der Grundlage eines Vertrags im Sinne des § 26 des Berufsbildungsgesetzes mit der oder dem Auszubildenden durchgeführt wird,
2. auf einen anerkannten Ausbildungsberuf im Sinne des § 4 Absatz 1 des Berufsbildungsgesetzes, § 25 Absatz 1 Satz 1 der Handwerksordnung, des Seearbeitsgesetzes oder des Altenpflegegesetzes vorbereitet und
3. in Vollzeit oder wegen der Erziehung eigener Kinder oder der Pflege von Familienangehörigen in Teilzeit von mindestens 20 Wochenstunden durchgeführt wird.

(3) Der Abschluss des Vertrags ist der nach dem Berufsbildungsgesetz, im Fall der Vorbereitung auf einen nach dem Altenpflegegesetz anerkannten Ausbildungsberuf der nach Landesrecht zuständigen Stelle anzuzeigen. Die vermittelten Fertigkeiten, Kenntnisse und Fähigkeiten sind vom Betrieb zu bescheinigen. Die zuständige Stelle stellt über die erfolgreich durchgeführte betriebliche Einstiegsqualifizierung ein Zertifikat aus.

(4) Förderungsfähig sind

1. bei der Agentur für Arbeit gemeldete Ausbildungsbewerberinnen und -bewerber mit aus individuellen Gründen eingeschränkten Vermittlungsperspektiven, die auch nach den bundesweiten Nachvermittlungsaktionen keine Ausbildungsstelle haben,
2. Ausbildungsuchende, die noch nicht in vollem Maße über die erforderliche Ausbildungsreife verfügen, und
3. lernbeeinträchtigte und sozial benachteiligte Ausbildungsuchende.

(5) Die Förderung einer oder eines Auszubildenden, die oder der bereits eine betriebliche Einstiegsqualifizierung bei dem Antrag stellenden Betrieb oder in einem anderen Betrieb des Unternehmens durchlaufen hat, oder in einem Betrieb des Unternehmens oder eines verbundenen Unternehmens in den letzten drei Jahren vor Beginn der Einstiegsqualifizierung versicherungspflichtig beschäftigt war, ist ausgeschlossen. Gleiches gilt, wenn die Einstiegsqualifizierung im Betrieb der Ehegatten, Lebenspartnerinnen oder Lebenspartner oder Eltern durchgeführt wird.

# Anhang 8

## Sozialgesetzbuch (SGB) Viertes Buch (IV) – Gemeinsame Vorschriften für die Sozialversicherung –

Stand: Neugefasst durch Bek. v. 12.11.2009 I 3710, 3973; 2011 I 363; zuletzt geändert durch Art. 9 G v. 11.08.2014 I 1348

*[Auszug]*

### § 7b Wertguthabenvereinbarung

Eine Wertguthabenvereinbarung liegt vor, wenn

1. der Aufbau des Wertguthabens auf Grund einer schriftlichen Vereinbarung erfolgt,
2. diese Vereinbarung nicht das Ziel der flexiblen Gestaltung der werktäglichen oder wöchentlichen Arbeitszeit oder den Ausgleich betrieblicher Produktions- und Arbeitszeitzyklen verfolgt,
3. Arbeitsentgelt in das Wertguthaben eingebracht wird, um es für Zeiten der Freistellung von der Arbeitsleistung oder der Verringerung der vertraglich vereinbarten Arbeitszeit zu entnehmen,
4. das aus dem Wertguthaben fällige Arbeitsentgelt mit einer vor oder nach der Freistellung von der Arbeitsleistung oder der Verringerung der vertraglich vereinbarten Arbeitszeit erbrachten Arbeitsleistung erzielt wird und
5. das fällige Arbeitsentgelt insgesamt 450 Euro monatlich übersteigt, es sei denn, die Beschäftigung wurde vor der Freistellung als geringfügige Beschäftigung ausgeübt.

*[...]*

## § 8 Geringfügige Beschäftigung und geringfügige selbständige Tätigkeit

(1) Eine geringfügige Beschäftigung liegt vor, wenn

1. das Arbeitsentgelt aus dieser Beschäftigung regelmäßig im Monat 450 Euro nicht übersteigt,
2. die Beschäftigung innerhalb eines Kalenderjahres auf längstens zwei Monate oder 50 Arbeitstage nach ihrer Eigenart begrenzt zu sein pflegt oder im Voraus vertraglich begrenzt ist, es sei denn, dass die Beschäftigung berufsmäßig ausgeübt wird und ihr Entgelt 450 Euro im Monat übersteigt.

(2) Bei der Anwendung des Absatzes 1 sind mehrere geringfügige Beschäftigungen nach Nummer 1 oder Nummer 2 sowie geringfügige Beschäftigungen nach Nummer 1 mit Ausnahme einer geringfügigen Beschäftigung nach Nummer 1 und nicht geringfügige Beschäftigungen zusammenzurechnen. Eine geringfügige Beschäftigung liegt nicht mehr vor, sobald die Voraussetzungen des Absatzes 1 entfallen. Wird beim Zusammenrechnen nach Satz 1 festgestellt, dass die Voraussetzungen einer geringfügigen Beschäftigung nicht mehr vorliegen, tritt die Versicherungspflicht erst mit dem Tag ein, an dem die Entscheidung über die Versicherungspflicht nach § 37 des Zehnten Buches durch die Einzugsstelle nach § 28i Satz 5 oder einen anderen Träger der Rentenversicherung bekannt gegeben wird. Dies gilt nicht, wenn der Arbeitgeber vorsätzlich oder grob fahrlässig versäumt hat, den Sachverhalt für die versicherungsrechtliche Beurteilung der Beschäftigung aufzuklären.

(3) Die Absätze 1 und 2 gelten entsprechend, soweit anstelle einer Beschäftigung eine selbständige Tätigkeit ausgeübt wird. Dies gilt nicht für das Recht der Arbeitsförderung.

### § 8a Geringfügige Beschäftigung in Privathaushalten

Werden geringfügige Beschäftigungen ausschließlich in Privathaushalten ausgeübt, gilt § 8. Eine geringfügige Beschäftigung im Privathaushalt liegt vor, wenn diese durch einen privaten Haushalt begründet ist und die Tätigkeit sonst gewöhnlich durch Mitglieder des privaten Haushalts erledigt wird.

*[...]*

### § 115 Geringfügige Beschäftigung und geringfügige selbständige Tätigkeit

Vom 1. Januar 2015 bis einschließlich 31. Dezember 2018 gilt § 8 Absatz 1 Nummer 2 mit der Maßgabe, dass die Beschäftigung innerhalb eines Kalenderjahres auf längstens drei Monate oder 70 Arbeitstage nach ihrer Eigenart begrenzt zu sein pflegt oder im Voraus vertraglich begrenzt ist, es sei denn, dass die Beschäftigung berufsmäßig ausgeübt wird und ihr Entgelt 450 Euro im Monat übersteigt.

# Anhang 9

## Gewerbeordnung

Stand: Neugefasst durch Bek. v. 22.2.1999 I 202; zuletzt geändert durch Art. 2 G v. 06.09.2013 I 3556

*[Auszug]*

### § 107 Berechnung und Zahlung des Arbeitsentgelts

(1) Das Arbeitsentgelt ist in Euro zu berechnen und auszuzahlen.

(2) Arbeitgeber und Arbeitnehmer können Sachbezüge als Teil des Arbeitsentgelts vereinbaren, wenn dies dem Interesse des Arbeitnehmers oder der Eigenart des Arbeitsverhältnisses entspricht. Der Arbeitgeber darf dem Arbeitnehmer keine Waren auf Kredit überlassen. Er darf ihm nach Vereinbarung Waren in Anrechnung auf das Arbeitsentgelt überlassen, wenn die Anrechnung zu den durchschnittlichen Selbstkosten erfolgt. Die geleisteten Gegenstände müssen mittlerer Art und Güte sein, soweit nicht ausdrücklich eine andere Vereinbarung getroffen worden ist. Der Wert der vereinbarten Sachbezüge oder die Anrechnung der überlassenen Waren auf das Arbeitsentgelt darf die Höhe des pfändbaren Teils des Arbeitsentgelts nicht übersteigen.

(3) Die Zahlung eines regelmäßigen Arbeitsentgelts kann nicht für die Fälle ausgeschlossen werden, in denen der Arbeitnehmer für seine Tätigkeit von Dritten ein Trinkgeld erhält. Trinkgeld ist ein Geldbetrag, den ein Dritter ohne rechtliche Verpflichtung dem Arbeitnehmer zusätzlich zu einer dem Arbeitgeber geschuldeten Leistung zahlt.

*[...]*

**§ 150a Auskunft an Behörden oder öffentliche Auftraggeber**
(1) Auskünfte aus dem Register werden für

1. die Verfolgung wegen einer
a) in § 148 Nr. 1,
b) in § 404 Abs. 1, 2 Nr. 3 des Dritten Buches Sozialgesetzbuch, in § 8 Abs. 1 des Schwarzarbeitsbekämpfungsgesetzes, § 21 Absatz 1 und 2 des Mindestlohngesetzes in § 23 Abs. 1 und 2 des Arbeitnehmer-Entsendegesetzes und in § 16 Abs. 1 bis 2 des Arbeitnehmerüberlassungsgesetzes

bezeichneten Ordnungswidrigkeit,
2. die Vorbereitung
a) der Entscheidung über die in § 149 Abs. 2 Nr. 1 Buchstabe a und c bezeichneten Anträge,
b) der übrigen in § 149 Abs. 2 Nr. 1 Buchstabe a bis d bezeichneten Entscheidungen,
c) von Verwaltungsentscheidungen auf Grund des Straßenverkehrsgesetzes, des Fahrlehrergesetzes, des Fahrpersonalgesetzes, des Binnenschiffahrtsaufgabengesetzes oder der auf Grund dieser Gesetze erlassenen Rechtsvorschriften über Eintragungen, die das Personenbeförderungsgesetz oder das Güterkraftverkehrsgesetz betreffen,
3. die Vorbereitung von Rechtsvorschriften und allgemeinen Verwaltungsvorschriften, insoweit nur in anonymisierter Form,
4. die Vorbereitung von vergaberechtlichen Entscheidungen über strafgerichtliche Verurteilungen und Bußgeldentscheidungen nach § 21 Abs. 1 des Schwarzarbeitsbekämpfungsgesetzes, § 21 Absatz 1 und 2 des Mindestlohngesetzes § 5 Absatz 1 oder 2 des Arbeitnehmer-Entsendegesetzes in der bis zum 23. April

2009 geltenden Fassung, § 23 Abs. 1 und 2 des Arbeitnehmer-Entsendegesetzes und § 81 Absatz 1 bis 3 des Gesetzes gegen Wettbewerbsbeschränkungen,

erteilt. Auskunftsberechtigt sind die Behörden und öffentlichen Auftraggeber im Sinne des § 98 Nr. 1 bis 3 und 5 des Gesetzes gegen Wettbewerbsbeschränkungen, denen die in Satz 1 bezeichneten Aufgaben obliegen.

(2) Auskünfte aus dem Register werden ferner

1. den Gerichten und Staatsanwaltschaften über die in § 149 Abs. 2 Nr. 1 und 2 bezeichneten Eintragungen für Zwecke der Rechtspflege, zur Verfolgung von Straftaten nach § 148 Nr. 1, nach § 95 Abs. 1 Nr. 4 des Aufenthaltsgesetzes und § 27 Absatz 2 Nummer 2 des Jugendschutzgesetzes auch über die in § 149 Abs. 2 Nr. 3 bezeichneten Eintragungen,
2. den Kriminaldienst verrichtenden Dienststellen der Polizei für Zwecke der Verhütung und Verfolgung der in § 74c Abs. 1 Nr. 1 bis 6 des Gerichtsverfassungsgesetzes aufgeführten Straftaten über die in § 149 Abs. 2 Nr. 1 und 2 bezeichneten Eintragungen,
3. den zuständigen Behörden für die Aufhebung der in § 149 Abs. 2 Nr. 3 bezeichneten Bußgeldentscheidungen, auch wenn die Geldbuße weniger als 200 Euro beträgt,
4. den nach § 81 Abs. 10 des Gesetzes gegen Wettbewerbsbeschränkungen zuständigen Behörden zur Verfolgung von Ordnungswidrigkeiten nach § 81 Abs. 1 bis 3 des Gesetzes gegen Wettbewerbsbeschränkungen die in § 149 Abs. 2 Nr. 3 bezeichneten Eintragungen,

erteilt.

(3) Auskünfte über Bußgeldentscheidungen wegen einer Steuerordnungswidrigkeit dürfen nur in den in Absatz 1 Nr. 1 und 2 genannten Fällen erteilt werden.

(4) Die auskunftsberechtigten Stellen haben den Zweck anzugeben, für den die Auskunft benötigt wird.

(5) Die nach Absatz 1 Satz 2 auskunftsberechtigten Stellen haben dem Betroffenen auf Verlangen Einsicht in die Auskunft aus dem Register zu gewähren.

(6) Die Auskünfte aus dem Register dürfen nur den mit der Entgegennahme oder Bearbeitung betrauten Bediensteten zur Kenntnis gebracht werden.

*[...]*

**§ 153 Tilgung von Eintragungen**

(1) Die Eintragungen nach § 149 Abs. 2 Nr. 3 sind nach Ablauf einer Frist

1. von drei Jahren, wenn die Höhe der Geldbuße nicht mehr als 300 Euro beträgt,
2. von fünf Jahren in den übrigen Fällen

zu tilgen.

(2) Eintragungen nach § 149 Abs. 2 Nr. 4 sind nach Ablauf einer Frist von fünf Jahren zu tilgen. Ohne Rücksicht auf den Lauf der Frist nach Satz 1 wird eine Eintragung getilgt, wenn die Eintragung im Zentralregister getilgt ist.

(3) Der Lauf der Frist beginnt bei Eintragungen nach Absatz 1 mit der Rechtskraft der Entscheidung, bei Eintragungen nach Absatz 2 mit dem Tag des ersten Urteils. Dieser Zeitpunkt bleibt auch maßgebend, wenn eine Entscheidung im Wiederaufnahmeverfahren rechtskräftig abgeändert worden ist.

(4) Enthält das Register mehrere Eintragungen, so ist die Tilgung einer Eintragung erst zulässig, wenn bei allen Eintragungen die Frist des Absatzes 1 oder 2 abgelaufen ist.

(5) Eine zu tilgende Eintragung wird ein Jahr nach Eintritt der Voraussetzungen für die Tilgung aus dem Register entfernt. Während dieser Zeit darf über die Eintragung keine Auskunft erteilt werden.

(6) Ist die Eintragung im Register getilgt worden oder ist sie zu tilgen, so dürfen die Ordnungswidrigkeit und die Bußgeldentscheidung nicht mehr zum Nachteil des Betroffenen verwertet werden. Dies gilt nicht, wenn der Betroffene die Zulassung zu einem Gewerbe oder einer sonstigen wirtschaftlichen Unternehmung beantragt, falls die Zulassung sonst zu einer erheblichen Gefährdung der Allgemeinheit führen würde, oder der Betroffene die Aufhebung einer die Ausübung des Gewerbes oder einer sonstigen wirtschaftlichen Unternehmung untersagenden Entscheidung beantragt. Hinsichtlich einer getilgten oder zu tilgenden strafgerichtlichen Verurteilung gelten die §§ 51 und 52 des Bundeszentralregistergesetzes.

(7) Absatz 6 ist entsprechend anzuwenden auf rechtskräftige Bußgeldentscheidungen wegen Ordnungswidrigkeiten im Sinne des § 149 Abs. 2 Nr. 3, bei denen die Geldbuße nicht mehr als 200 Euro beträgt, sofern seit dem Eintritt der Rechtskraft der Entscheidung mindestens drei Jahre vergangen sind.

## Buch-Tipp

**Was sind meine Rechte, was meine Pflichten? Hier sind die Rundum-Informationen für Arbeitgeber und Arbeitnehmer**

Wer heutzutage als Unternehmer einen neuen Mitarbeiter einstellt, der wünscht sich eine lang andauernde, vertrauensvolle Zusammenarbeit, von der beide Seiten profitieren. Und wer als Arbeitnehmer einen neuen Job antritt, der möchte wissen, was für ihn gilt, damit er lange zufrieden sein kann und einen angemessenen Lohn erhält. Arbeitgeber und Arbeitnehmer gehen also eine auf Dauer angelegt Bindung ein, und da müssen klare Verhältnisse herrschen.

**Wegweiser durch den Dschungel des Arbeitsrechts**

Umfangreiches Wissen zum deutschen Arbeitsrecht, wie man nichts falsch macht und das Beste für sich herausholt, erfahren Arbeitgeber wie Arbeitnehmer in dem neuen Buch von zwei erfahrenen Juristen und Arbeitsrechts-Experten. Timothy Ahrens und Markus Schneckener erklären und vermitteln ihnen alles, was sie für ihren gemeinsamen Weg im neuen Job wissen müssen.

Keine ganz leichte Materie, aber keine Angst: Alles wird mit Beispielen, Musterberechnungen, Auszügen aus wichtigen Gerichtsentscheidungen und Formulierungsmustern anschaulich und nachvollziehbar gemacht. So kann der Leser die Informationen aus diesem Buch direkt auf das individuelle Arbeitsverhältnis anwenden und für sich alle Vorteile nutzen sowie Ärger und unnötige Kosten vermeiden.

---

Printed in Dunstable, United Kingdom

91223986R00067